세 상에 대하여
우리가
더 잘 알아야 할
교양

48

## 지은이 소개

지은이 **박재열**

10년 조금 넘게 교사로 일하고 있으며, 지금은 고양시 정발고등학교에서 근무하고 있습니다. 아이들과 함께 책 읽고, 토론하고, 사회 참여 활동을 하는 것을 좋아합니다. 아이가 다니는 공동 육아 어린이집 부모들과 함께 고양시 성석동에 집을 짓고 마을을 만들어 어우러져 살아가고 있습니다. 사회선생님들과 함께 지은 책으로는 《사회선생님이 뽑은 우리 사회를 움직인 판결》《사회적 감수성을 키우는 시민교과서 - 세금편》 등이 있고, 《세더잘 시리즈2-테러》를 우리말로 옮겼습니다.

세상에 대하여
우리가
세 더 잘 알아야 할
교양

박재열 지음

**48**

# 인플레이션
양적 완화가 우리를 살릴까?

내인생의책

# 차례

※ 본문의 **굵은 글씨**로 표시된 단어는 113페이지 용어 설명에서 찾아보세요.

# 들어가며 : 인플레이션, 양적 완화가 우리를 살릴까?

## 1914년 독일·오스트리아 동맹과 영국·프랑스·러시아 연합 간에 발발한 제1차 세계대전이 1918

년 독일의 항복으로 막을 내렸습니다. 1919년 체결된 베르사유 조약으로

▌ 바이마르 인플레이션 당시의 은행 풍경.

패전국 독일은 영토의 10퍼센트를 내놓아야 했습니다. 오랜 전쟁으로 인구의 15퍼센트도 사라졌습니다. 무엇보다 독일에 부담을 주었던 건 전쟁 배상금이었지요. 1921년 결정된 배상금의 액수는 당시 독일 화폐 단위로 무려 1,320억 마르크에 달했습니다.

엄청나게 부족한 전후 복구비와 막대한 전쟁 배상금을 충당하기 위해 독일이 선택한 방법은 불행하게도 마르크화의 무분별한 발행이었습니다. 발행하는 화폐의 양을 지대하게 늘렸고, 고액권 지폐도 새로 만들었습니다. 1923년에는 1만 마르크짜리 지폐를 마구 찍어내기 시작했고, 그 뒤로도 5만, 10만, 20만 마르크짜리 지폐를 줄줄이 만들어냈습니다. 그러나 이러한 방법은 화폐의 가치를 폭락시키고 말았지요.

자연히 물가가 급등했고, 오른 물가를 기존 지폐가 감당하지 못하자 점점 더 큰 액면가의 지폐를 찍어내게 되면서 악순환이 반복되었습니다. 나중에는 심지어 1조, 100조 마르크짜리 초고액권까지 발행해야 했지요. 1923년에만도 1년간 독일의 물가는 무려 10억 배 이상 상승하였습니다.

사람들은 월급을 받자마자 가게에 물건을 사러 달려갔습니다. 늦으면 늦을수록 물건 값은 뛰었으니까요. 돈을 실은 수레를 훔친 도둑이 돈은 버리고 수레만 가지고 갔다든가, 평생 쓸 돈을 은행에 넣어두었더니 나중에는 우표 한 장밖에 살 수 없게 되었다든가 하는 황당한 사례도 빈발하였습니다. 이처럼 화폐 가치가 급락하여 전반적으로 물가가 오르는 현상을 인플레이션이라고 합니다. 그 중에서도 물가 상승의 정도가 특히 심한 인플레이션을 하이퍼 인플레이션이라고 부르지요. 앞머리에서 얘기했던 독일의 상황이 바로 전형적인 하이퍼 인플레이션이에요.

이 시기 독일 사람들의 생활은 비참함 그 자체였습니다. 돈이 있어도 물건을 살 수 없었고, 저금을 해도 미래를 기약할 수 없었습니다. 연금으로 살아가는 사람들은 끼니를 걱정해야 했고, 장사하는 사람들도 손을 놓아야 했지요. 직장에서 일하고 월급을 받는 사람들은 하루하루 일하는 동안 자신들의 월급이 떨어지는 화폐 가치 때문에 점점 휴지조각이 되어가는 걸 지켜봐야만 했습니다.

하이퍼 인플레이션이 극에 달했을 때 독일에서 빵 1킬로그램의 값은 무려 4,280억 마르크에 달했습니다. 독일 화폐 단위로는 전쟁배상금의 세 배가 넘는 금액이었지만 독일 밖에서 달러로 바꿀 경우에는 고작 10센트에 불과한 돈이었어요.

인플레이션은 왜 일어날까요? 학자들은 사회에 유통되는 통화량, 즉 시중에 돌아다니는 돈의 양이 증가하면 인플레이션이 발생한다고 이야기합니다. 상품이 지나치게 많이 유통되면 가치가 하락합니다. 마찬가지로 돈도 지나치게 많이 유통되면 가치가 하락하지요.

그런데 통화량 증가의 원인은 국가에 따라, 시기에 따라 각양각색입니다. 예를 들어 독일의 경우에는 재정 문제를 해소하기 위해 정부가 무리하게 돈을 찍어낸 것이 원인이었지요. 돈이라는 게 많으면 많을수록 좋다고 생각하지만 국가 전체로 봤을 때는 돈이 지나치게 넘쳐나는 상황이 결코 좋은 것만은 아니랍니다. 하이퍼 인플레이션이 발생한 독일에서는 수천 억 마르크의 돈을 갖고도 빵 한 조각 살 수 없었으니까요. 그 정도까지는 아니더라도 인플레이션이 발생한 상황에서는 같은 돈을 갖고도 예전보다 적은 양의 상품만을 구입할 수 있습니다. 이러한 예를 들며 인플레이션을 가급적 피해야 할 위험한 상황으로 단정하는 학자들이 있을 정도지요.

반면 인플레이션 현상을 긍정적으로 바라보는 사람들도 있습니다. 이들은 경제가 성장하여 국가에 예전보다 많은 돈이 들어올 때 인플레이션이 생길 수도 있다고 주장합니다. 인플레이션은 경제 성장에 따라오는 자연스러운 결과이며, 물가가 오르지 않으면 오히려 경제가 침체기에 접어드는 징조라고 우려의 시선을 보내기도 하지요.

"오르지 않는 것은 월급뿐이다."라는 말을 혹시 들어보셨나요? 물가는 오르는데 월급은 오르지 않는 상황을 자조하며 사람들은 이런 말을 종종 쓰곤 합니다. 실제로 경제 성장을 무엇보다 중시하는 현대 국가에서 인플레이션은 우리가 살면서 계속 겪고 또 영향을 피할 수 없는 현상입니다. 그렇다면 우리는 인플레이션을 어떤 시각으로 바라보아야 할까요? 인플레이션은 국가에 그리고 여러분에게 좋은 일일까요, 나쁜 일일까요? 이에 대한 대답을 하기 전에 먼저 인플레이션이란 무엇인지, 우리 삶의 어떤 부분에 어떤 영향을 주는지 알아보기로 하겠습니다.

# 인플레이션이란?

인플레이션이란 지속적인 물가의 상승을 의미합니다. 물가 상승의 원인은 경제 발전, 환율, 생산 비용의 증가 등 다양합니다. 인플레이션은 우리 삶 전반에 영향을 미치며, 우리가 가진 재산의 가치에도 영향을 줍니다.

# 여러분이 주로 사용하는 물건의 가격이 어떻게 변해 왔는지 한

번 생각해 본 적이 있나요? 어떤 물건의 가격이 옛날에는 얼마나 했는지 부모님과 얘기해 보면 무심코 "어?" 하는 소리를 내게 될지도 몰라요. 우리나라 사람들이 가장 좋아하는 음식이라는 짜장면과 라면을 예로 들어 볼까요? 짜장면은 1953년에 25원이었습니다. 하지만 지금 짜장면의 평균 가격은 4,600원이지요. 무려 184배나 올랐지요! 라면도 처음 우리나라에 팔기 시작할 즈음에는 10원이었지만 지금 10원으로 살 수 있는 라면은 없어요.

비단 짜장면과 라면만 그런 것이 아니랍니다. 1965년 버스를 타는 데 필요한 돈은 불과 2원이었습니다. 2원으로 무언가를 살 수 있다니, 오늘날 여러분에게는 상상조차 안 될 저렴한 가격이지요. 1945년 광복 직후와 비교하면 물가의 차이는 더욱 어마어마합니다. 2015년 기준으로 쌀 사십 킬로그램 가격은 칠만 육천 원인데요, 1945년에 쌀 사십 킬로그램의 가격은 35전, 오늘날 원 단위로는 0.35원에 불과했습니다. 1원도 안 되는 돈으로 쌀 사십 킬로그램을 살 수 있었던 것이지요.

물론 몇몇 상품의 가격이 올랐다고 그 상황을 인플레이션이라고 부르지는 않습니다. 보통 한 나라 안에 있는 전체 상품의 가격이 장기간에 걸쳐 꾸준히 오르고 있을 때를 인플레이션이라고 정의해요. 하지만 유통되는 모든 상품의 가격을 일일이 조사하는 것은 지나치게 많은 품이 들어 불가능합니다. 그래서 대체로 사람들의 실생활에 영향을 끼치는 상품 몇몇 가지만을 조사하여 그 근거로 사용하지요. 대표적인 근거 자료로는

▎물가는 일반적으로 상승한다.

**통계청**에서 조사하는 소비자 물가지수가 있어요. 밑에 나오는 통계청 소비자 물가지수를 보면 2014년의 물가가 1965년에 비해 36배나 올라간 것을 확인할 수 있습니다.

물가의 상승 원인은 여러 가지를 들 수 있는데요, 우선 경제발전을 원인으로 들 수 있습니다. 경제가 발전하면 사람들의 소득이 늘어납니다. 구매력이 증가하고, 이는 물가의 상승 원인으로 작용하지요. 그 외 환율이나 원자재 수입 가격, 인건비 등이 늘어나 상품의 생산비용이 증가할 경우에도 물가는 자연스레 오릅니다. 반면 지나친 불황기에는 상품 자체가 희귀해져 물가가 오르기도 하지요.

▌ 2010년을 100으로 놓고 본 소비자 물가지수. 출처: 통계청

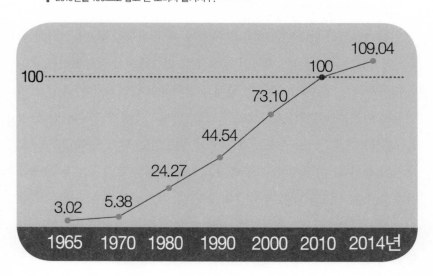

집중 탐구 **소비자 물가지수란?**

소비자들이 구매하는 재화나 서비스의 평균적인 가격 수준을 수치로 표현한 것입니다. 통계청에서 조사하는데, 모든 물건을 조사하기는 불가능하기 때문에 대표적인 물건 500개 정도를 정해서 작성하게 됩니다. 소비자 물가지수는 물가 측정에 굉장히 중요한 판단 자료입니다. 소비자의 구매력이 커지는지 줄어드는지, 한 가계가 살아가기 위해 필요한 최소한의 생계비는 얼마인지, 물가가 올라가는 만큼 임금을 올릴 것인지 등을 알 수 있게 해 줍니다.

소비자 물가지수 외에도 생산자 물가지수, 생활 물가지수, 체감 물가지수 등 물가를 측정하는 다양한 방법이 있습니다.

### 인플레이션과 나의 소득

인플레이션은 다양한 방식으로 우리의 삶에 영향을 줍니다. 가장 실감할 수 있는 영향이라면 소득이 있겠지요. 인플레이션 상황에서는 같은 돈을 벌더라도 실제로는 소득이 줄어드는 현상이 벌어집니다. 조금 전에 짜장면 이야기를 했었는데, 10,000원을 가지고 짜장면 몇 그릇을 사먹을 수 있을까요? 1965년에는 한 그릇에 25원이었으니, 사백 그릇을 살 수 있었습니다. 그런데 한 그릇에 4,600원을 하는 요즘에는 두 그릇을 사면 거스름이 조금 남을 뿐이지요. 똑같은 10,000원인데 실제로 살 수 있는 물건의 양이 줄어든 겁니다. 이렇듯 물가가 오르면 돈의 가치는 떨어집니다. 물가 상승이 심할 경우에는 예전보다 많은 돈을 갖고 있어도 오히려 예전보다 가난해지는 경우조차 생기지요.

그렇다면 물가가 계속해서 오르는 인플레이션 상황은 모두에게 불리하기만 할까요? 그렇지는 않습니다. 단정적으로 말한다면 물건을 갖고 있는 사람에게는 유리하고, 돈을 가지고 있는 사람에게는 불리하게 작용하지요. 상품과 물건의 가치는 점점 올라가는데 돈의 가치는 점점 떨어지기 때문이에요.

가장 큰 타격을 받는 사람들은 매달이나 매주 혹은 매일 급료를 받으며 생활하는 서민입니다. 대부분의 경우 급료의 인상은 인플레이션으로 인한 물가의 인상을 따라잡지 못합니다. 예를 들어 2016년에는 100만 원으로 10개의 물건을 살 수 있었다면 2017년에는 100만 원의 월급으로

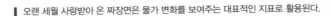
▌ 오랜 세월 사랑받아 온 짜장면은 물가 변화를 보여주는 대표적인 지표로 활용된다.

8개밖에 못 사는 경우가 생깁니다. "월급 빼고 다 오른다."는 말이 괜히 유행하는 게 아니지요.

돈을 빌려주는 사람은 어떨까요? 작년에 100만 원을 빌려주고 올해 100만 원을 받았다면 손해일까요, 이득일까요? 인플레이션일 때는 올해에 100만 원으로 10개의 물건을 살 수 있더라도 다음 해에는 120만 원이 있어야 10개의 물건을 살 수 있는 일이 생길 수도 있습니다. 그런데 빌려주고 돌려받을 수 있는 돈이 여전히 100만 원이라면 이 돈으로 살 수 있는 물건이 잘해 봐야 8개밖에 되지 않지요. 따라서 그 해의 100만 원은 지난 해에 비해 가치가 떨어졌기 때문에 돈을 빌려준 사람도 오히려 손해를 보게 됩니다.

이와는 반대로 유리해지는 사람들도 있습니다. 돈보다는 집이나 땅과

▌ 시중에 풀린 돈이 늘어나면 부동
산과 같은 자산 가격은 상승한다.

같은 물건을 가지고 있는 사람, 월급을 받지 않고 자기 사업을 하는 사람, 돈을 빌린 사람은 인플레이션이 생기면 오히려 형편이 좋아집니다. 무언가 이상하지 않나요? 인플레이션이라는 환경에서는 열심히 일해 살아가는 사람들이 오히려 손해를 보는 불공평한 상황이 발생합니다. 인플레이션이 경제 성장에 따라오는 자연스러운 현상이라고 주장하는 학자들조차 이 사실에는 이의를 제기하지 못합니다. 실제로 이러한 불공평한 상황을 해결하는 일에 전 세계의 국가가 머리를 맞대고 고민하고 있을 정도지요. 우리나라도 예외는 아닙니다. "경제민주화"라든가 "불평등의 해소" 같은 말을 들어 본 적이 있을 거예요.

### 인플레이션의 결과

인플레이션 상황은 급여를 받고 일하는 사람에게는 일할 의욕을 떨어뜨립니다. 열심히 일하는 동안 돈의 가치는 점점 떨어지고, 이렇게 떨어진 가치를 급여 인상은 전혀 따라잡지 못합니다. 열심히 일할수록 가난해질 수밖에 없는 상황에서 누가 일할 의욕을 낼 수 있을까요? 또 은행에 저축을 해서 열심히 돈을 모았는데, 그 돈의 가치가 점점 떨어진다면 어떤 마음이 들까요? 은행의 **이자**도 인플레이션으로 인한 영향을 따라잡기에는 역부족입니다. 그러니 열심히 저축하려는 사람도 줄어들고 맙니다. 이럴 경우 단기적으로는 저축하는 대신 소비를 하려 들기 때문에 경제에 긍정적입니다. 하지만 장기적으로는 경제에 악영향을 끼칩니다. 경제의 주체인 국민 대다수가 가난해지고 마니까요.

특히 집이나 땅에 관심이 집중되어 생기는 **부동산** 투기는 국가 경제에 치명적인 악영향을 끼칩니다. 돈의 가치가 떨어지는 상황에서는 상품이면서 어지간하면 가치가 하락하지 않는 부동산은 매력적인 **투자** 대상입니다. 그러나 부동산 가격이 오를수록 인플레이션으로 예전보다 적은 가치의 소득만을 벌게 되는 사람은 집도 땅도 구하기가 더 힘들어집니다. 이들은 살 집을 구하지 못한 채 월세나 **전세** 등으로 부족한 소득의 일부를 꾸준히 지출하며 살아가야 하지요. 심지어 그 소득조차 해가 갈수록 인플레이션에 의해 가치가 떨어지는 상황에서 말이죠.

이렇듯 인플레이션이 생기면 우리의 일상적인 삶부터 국가 경제 전체에 이르기까지 부정적인 면이 생기게 됩니다. 그래서 국가에서는 물가가 심각하게 오르는 것을 막기 위해서 여러 가지 노력을 기울이고 있어요.

하지만 인플레이션을 막으려는 국가의 노력이 언제나 성공하는 것은 아닙니다. 때로는 걷잡을 수 없는 하이퍼 인플레이션 상황을 맞이하는 경우도 있지요. 심지어는 경제 지표를 위해 국가가 그러한 상황을 조장하는 경우도 있습니다. 다음에는 그러한 사례를 통해 인플레이션의 면모를 더 자세히 살펴보도록 하겠습니다.

---

**간추려 보기**

- 인플레이션은 물가의 상승을 의미하며, 물가는 일반적으로 통계청에서 발표하는 소비자 물가지수에 근거하여 판단한다.
- 인플레이션의 원인은 경제 성장, 생산 비용의 증가 등이 있다.
- 인플레이션은 봉급 생활자에게 불리하며, 사업가나 부동산과 같은 자산을 소유한 사람에게는 유리할 수 있다.

# 인플레이션의 역사

역사 속에서 정상을 벗어난 급격한 물가 상승의 사례들을 보곤 합니다. 우리는 이를 하이퍼 인플레이션이라 부릅니다.

# 고대에 가장 강성했던 로마제국이 인플레이션 때문에 무너졌다는 주장을 믿겠어요? 최소한 인플레이션이 로마제국을 무너뜨린 유일한 원인은 아니었습니다만 제국 멸망의 중요한 원인 중 하나인 건 사실입니다.

▌ 로마 동전. 겉은 화려하지만······.

로마는 포에니 전쟁 이후 지중해의 패자로 떠올랐습니다. 그 결과 유럽, 아시아, 아프리카를 아우르는 대제국이 되었습니다. 그러나 그러한 영토 팽창을 위한 끊임없는 전쟁의 결과 막대한 재정이 소모되었습니다.

기원전 27년에 로마제국 최초의 황제로 즉위한 아우구스투스 황제는 계속된 전쟁으로 피폐해진 국가를 재건하기 위해 화폐 발행을 지시했습니다. 아우레우스 금화를 80번이나 발행하였고 데나리온 은화는 무려 400여 종을 주조하였지요. 화폐를 만들 금과 은이 부족해지자 여러 도시에 세운 은동상을 녹여 충당하도록 명령하기도 했습니다. 그 결과 아우구스투스 황제가 재위했던 20년 사이에 밀과 돼지고기 가격이 두 배로 올랐습니다. 물가의 폭등에 놀란 아우구스투스 황제가 화폐 발행을 취소하자 비로소 가격이 안정되기 시작되었다고 합니다.

하지만 아우구스투스 황제 이후의 통치자들도 별반 다르지 않았습니다. 은화를 찍어내려면 은이 필요했는데, 정작 은의 양은 늘 모자랐습니다. 통치자들은 어떤 방법을 썼을까요? 이들은 은화에 들어가는 은 함량을 줄여서라도 많은 돈을 찍어내려고 애썼습니다. 하지만 은 함량이 줄어든 돈은 그만큼 가치가 떨어질 수밖에 없었고, 이것이 인플레이션을 더욱 심각한 수준으로 만들고 말았고 로마의 경제는 피폐해질 수밖에 없었습니다.

당시 중요한 물품이었던 밀과 돼지고기 가격이 점점 오르더니, 나중에는 45년 사이에 150,000퍼센트까지 폭등하였던 것입니다. 전쟁에 따른 재정 고갈, 이를 해소하기 위한 화폐 발행, 인플레이션의 심화라는 악순환은 고대 로마의 황제 시대가 종말을 고한 서기 476년까지 지속되었습니다.

▌ 프랑스 대혁명기 주화들.

## 18세기 프랑스

민주주의의 역사에서 빼놓을 수 없는 프랑스 대혁명으로 유명한 프랑스도 극심한 인플레이션을 겪은 적이 있습니다. 그것도 프랑스 대혁명 시기에 말이죠. 혁명에 성공했다 하더라도 안정을 찾기 위해서는 오랜 시간이 필요했습니다. 혁명 직후 프랑스 정부는 엄청난 재정 **적자**를 떠안아야 했습니다. 정부 부채가 총 **세입**의 63퍼센트 수준에 이를 정도였지요. 부족한 재원을 충당하기 위해 프랑스 정부는 어떤 방법을 썼을까요? 국민들에게 세금을 더 많이 걷을 수도 있었겠지만, 정부는 '아시냐'라는 새로운 화폐를 발행한다는 결정을 내렸습니다. 하지만 한번 발행하기 시작한 화폐는 멈출 수가 없었죠.

1789년 1차 발행에 이어, 1790년 2차, 1791년 3차, 1792년 4차 발행을 지속하였고, 1793년에는 지금까지의 화폐 발행 총액에 맞먹는 금액을 1년 동안 발행해야 했습니다. 당연하게도 극심한 초인플레이션 상황이 발생했지요.

화폐의 발행이 집중된 1793년 중반에만 빵 가격은 두 배, 육류는 세 배나 올랐습니다. 살기 어려워진 시민들이 여러 지역에서 들고 일어나자 프랑스 정부는 난국을 타개하기 위해 또 다시 화폐를 발행하는 패착을 둘 수밖에 없었지요. 하지만 그 행위는 오르던 물가에 기름을 붓는 것과 같았습니다. 1796년에는 1년 사이에 물가가 388배나 치솟았습니다.

경제 문제를 해결하기 위해 화폐를 발행하고 그 결과가 인플레이션으로 이어지는 악순환. 비슷한 과정을 밟았던 고대 로마와 근대 프랑스의 지도자들이 어리석어 보이나요? 하지만 이와 유사한 일은 현대의 국가에서도 일어납니다. 오늘날 미국과 한국을 비롯한 전 세계의 국가들은 경기 부양을 목표로 지속적인 양적 완화 정책, 즉 화폐 발행 정책을 고려하거나 실행하고 있습니다. 앞서 든 예와 별다를 것 없는 정책이지요. 이제 비교적 최근에 일어났던 사례를 찾아 2008년의 짐바브웨로 찾아 가봅시다.

### 2008년 짐바브웨

"짐바브웨의 화폐"라는 말은 화폐의 가치가 지나치게 하락하는 경우를 빗대어 표현할 때 종종 사용됩니다. 경제학자들이 양적 완화 정책의 위험성을 경계할 때 종종 쓰는 말이지요. 그런데 이 말이 생긴 지는 그렇게 오래되지 않았습니다. 여러분이 익히 살아 왔던 시기, 2008년에 벌어

▎ 10조 짐바브웨 달러.

졌던 일 때문에 생긴 말이지요. 장소는 짐바브웨, 아프리카에 있는 독재
국가입니다.

　위 사진이 짐바브웨 지폐입니다. 지폐의 단위를 한번 살펴보세
요. 읽기에도 어려울 만큼 '0'이 많습니다. 정확히는 10조 짐바브웨 달
러이지요. 하지만 이 지폐로 살 수 있는 물건은 고작 달걀 세 개였다
고 합니다. 당시 짐바브웨의 물가 상승률은 연간 4억 퍼센트였습니
다. 나중에는 자국 화폐를 포기할 수밖에 없었지요. 미국 화폐 1달러에
35,000,000,000,000,000짐바브웨 달러를 교환했다고 하니, 짐바브
웨 돈의 가치를 짐작할 수 있을 것입니다.

▌ 500억 짐바브웨 달러 = 콜라 한 캔. 이것이 당시 짐바브웨에서 일어났던 일이다.

## 우리나라에도 하이퍼 인플레이션이 있었을까?

조선시대에도 심각한 인플레이션이 발생한 적이 있었습니다. 대략 백여 년 전의 이야기지요.

19세기 말 흥선대원군은 임진왜란 때 불타버린 경복궁을 재건하기로 결심합니다. 밖에서는 외국이 개항 요구를 하며 무력시위를 하고 있고, 안에서는 권신들이 흔들고 있는 상황에서 왕실의 권위를 세울 필요가 있다고 판단했기 때문이지요. 다른 한편으로는 부족한 군비와 왕실의 재정을 충당하기 위한 수단으로 삼으려는 목적도 있었습니다. 경복궁 재건을 핑계 삼아 백성들에게 돈을 거두어두려는 속셈이었지요. 하지만 경복궁 재건에는 예상보다 많은 돈이 들어갔습니다. 재건 자금이 모자라자

1866년에는 당백전이라는 새로운 화폐를 발행했어요.

그 결과는 어땠을까요? 화폐의 가치는 떨어지고, 물가는 급등하기 시작했습니다. 즉 인플레이션 상황이 발생한 셈이지요.

당백전 발행의 결과 물가는 60배나 뛰어올랐으며, 서민들의 삶은 더욱 어려워졌습니다.

## 북한의 하이퍼 인플레이션

최근에는 북한에서도 하이퍼 인플레이션 수준의 급격한 물가 변동이 발생한 바 있습니다. 바로 2009년의 화폐 개혁에 의해 벌어진 일입니다. 북한은 2009년 11월 30일 기습적으로 화폐 개혁을 발표하고 기존 화폐의 사용을 정지시켰습니다. 이 시기 북한은 옛 화폐와 새 화폐를 100대 1의 기준으로 교환하고, 가구당 교환 한도를 옛 화폐 기준 10만 원으로 제한하는 조치를 취했습니다. 즉 기존의 화폐 100원을 1원으로 바꾸어 주면서 가구당 새 화폐를 최대 1,000원까지만 받을 수 있게 해 준 것입니다. 기존의 돈은 10만 원을 넘어가는 경우 은행에 강제로 예금해야 했는데 북한의 경우 은행의 기능이 미약하기 때문에 은행에 돈을 맡길 경우 찾을 수 있을지 모르기 때문에 북한 국민들에게 적지 않은 불안감을 야기했습니다.

북한의 이러한 조치는 1990년대 중반 이후 북한의 계획 경제가 붕괴한 뒤로 북한 주민들이 생존을 위해 스스로 키워 낸 시장 경제를 억제하고 정권의 안정을 꾀하기 위한 것입니다. 실제로 가장 큰 손해를 본 사람들은 직업 없이 장마당에서 장사하던 사람들이었다고 합니다. 10만 원까지만 교환을 허용해주었기 때문에 현금 위주의 거래를 하던 이들은 실질적으로 장사 밑천을 상당 부분 날리게 된 것이지요. 그 이상의 돈은 은행에 저금해야 했는데, 북한 경제의 특성상 은행에 예금된 돈은 그대로 국가의 통제에 놓이게 됩니다. 국가의 통제력을 강화하고자 하는 시도였던 것이죠.

그러나 이러한 일련의 조치들은 결과적으로 부작용을 일으켰습니다. 화폐 교환을 100대 1로 해주었지만, 월급의 양은 기존의 월급을 그대로 유지하여, 결과적으로 시장에 100배의 화폐를 **공급**하게 된 것입니다. 대부분의 북한 국민들이 임금 생활자임을 감안하면, 사실상 100배의 화폐가 시장에 투입된 것이나 다름없게 되었습니다.

원래 북한의 목표는 화폐의 단위를 변화시켜 물가를 안정시키려는 의도도 있었습니다. 그래서 화폐 개혁 직후 쌀값은 1킬로그램당 25원으로, 환율은 1달러당 38원으로 조정했습니다. 하지만 이후 쌀값과 미국 달러 환율이 급등하여 2012년 9월 말에는 각각 1킬로그램당 6,500원, 1달러당 6,450원을 기록했습니다. 근 3년 동안 쌀값과 달러 환율이 각각 260배, 170배 상승한 셈이지요.

여기에 평양 10만 호 건설과 같은 대규모 토목 사업을 전개하고 이를 뒷받침하기 위해 또다시 화폐 공급을 확대하면서 급격한 물가상승이 계속 이어졌습니다. 화폐 개혁에 따라 불안해진 북한 주민들이 물건들을 대량으로 구입하는 '사재기' 심리가 발동한 것이나 북한 특유의 국제 관계 불안과 화폐 개혁에 따른 환율 혼란 때문에 원자재 공급 등이 위기를 맞이한 것도 물가 상승을 더욱 부채질했습니다.

지금까지 우리는 역사 속 하이퍼 인플레이션 사례들을 살펴보았습니다. 당장의 문제를 해소하기 위해 돈의 가치나 양을 잘못 관리하면 어마어마한 인플레이션이 발생하는 것을 볼 수 있습니다. 이는 사회적으로 막대한 혼란을 초래하며 나라의 위기로까지 귀결되곤 합니다.

따라서 자연히 국가는 이 돈의 흐름과 양의 문제를 관리하고 위와 같은 극단적인 예가 발생하지 않도록 노력합니다. 돈의 흐름과 양을 관리하려면 돈의 발행을 조절해야겠죠? 이 돈의 발행을 관리하고 조절하는 주인공이 바로 다음 장에서 살펴보게 될 중앙은행입니다.

### 간추려 보기

- 고대 로마는 악화를 발행하면서 초인플레이션을 자초하고 무너졌다.
- 프랑스 혁명기 프랑스는 재정 문제를 해결하기 위해 무리하게 화폐를 발행하다가 경제 파탄을 맞이했다. 우리나라에서는 과거 조선 시대 대원군 집정기 당백전이라는 화폐를 남발하다가 경제적 위기를 맞이했다.
- 2008년 짐바브웨에서 발생한 하이퍼 인플레이션은 대표적인 현대의 인플레이션이다.
- 북한의 2009년 화폐 개혁은 무리한 화폐 가치 절하를 시도하다가 역으로 인플레이션을 초래했다.

**3**

CHAPTER

# 돈의 발행자 – 중앙은행

급격한 물가 상승을 막고 화폐의 유통량을 조절하기 위해 은행들 위의 은행이 필요합니다. 이를 중앙은행이라고 부릅니다.

**우리는** 살아가면서 은행과 밀접한 관계를 맺고 살아갑니다. 은행 없이는 생활할 수 없을 정도라고 해도 과언이 아니지요. 우리는 은행에 통장을 만들어 돈을 맡기기도 하고, 은행을 통해 아는 사람들과 돈을 주고받기도 하며, 돈이 없을 때는 은행에서 돈을 빌리기도 하고, 가지고 있는 돈을 불리기 위해 은행에서 만든 투자 상품을 활용하기도 합니다.

그런데 우리가 알고 있는 이런 일반 은행과는 달리 아무도 돈을 맡기지 않고 누구도 빌릴 수도 없지만 어떠한 은행보다 막강한 힘을 가진 은행이 있습니다. 이 은행은 일반인이 아닌 다른 은행에 돈을 빌려주거나, 한 나라의 화폐를 발행하는 일을 맡습니다. 마치 은행들의 총대장 같은 이 은행을 사람들은 중앙은행이라고 부르지요. 말 그대로 은행의 중앙에 있는, 중심에 위치한 은행이라고 생각하면 됩니다. 우리나라 화폐와 금융의 중심에 위치하는 중앙은행은 '한국은행'입니다. 미국연방준비은행FRB · 유럽중앙은행ECB · 중국인민은행PBC · 일본은행BOJ · 영국중앙은행영란은행 · BOE · 독일중앙은행분데스방크 · 스위스중앙은행SNB · 태국중앙은행BOT · 인도네시아중앙은행BI 등 대부분의 나라는 중앙은행을 하나씩 두고 있습니다.

▌ 한국은행.

▌ 연방준비은행, 워싱턴.

## 미국의 연방준비은행

미국 달러는 누가 발행할까요? 미국 정부일까요, 아니면 민간 은행일까요? 대부분 사람들은 미국 정부가 달러를 발행할 것이라고 생각합니다. 국가의 화폐라는 중요한 것을 발행하고 있으니까요. 하지만 달러 발행자는 민간 은행입니다. 왜냐하면 미국의 연방준비은행은 국가 기관이 아니라 민간 은행이니까요. 많은 나라에서 중앙은행은 민간 은행의 자격으로 업무를 수행합니다. 여기에는 두 가지 이유가 있지요. 첫째 이유는 중앙은행이 원래 민간 금융인들이 모여 만든 은행이기 때문입니다. 그리고 둘째 이유는 중앙은행의 업무가 국가 권력의 압력과 무관하게 중립적으로 수행되어야 하는 업무이기 때문이지요.

오늘날 전 세계 화폐의 기준이 되는 화폐는 미국의 달러입니다. 자국의 화폐와 달러의 교환 비율에 따라 그 나라의 경제 지표는 좋아지기도 하고 나빠지기도 합니다. 그러니 이 달러의 흐름을 통제하고 관리할 수 있는 미국의 연방준비은행이 세계에서 강력한 힘을 발휘하는 은행이라고 할 수 있지요. 연방준비은행에서 기준금리를 발표하면, 세계의 여러 나라들이 앞다투어 뉴스 기사로 내보내고, 이 기준에 맞추어 경제 정책을 펴곤 합니다. 이렇게 큰 영향력을 가진 은행이 민간 은행이라니, 어떻게 해서 민간 은행이 한 나라의 화폐를 발행할 수 있는 권한을 갖게 된 것일까요?

유럽에서 가장 강력한 은행 일가를 이룬 로스차일드는 이렇게 갈파했다고 합니다. "돈을 만들어 낼 수 있는 권한만 나에게 주면 누가 나라를 다스리든, 누가 법을 만들든 신경 쓰지 않겠다." 그 정도로 화폐발행권은 굉장히 중요한 권력이며, 이를 둘러싼 미국 정부와 거대 은행가들 간의 다툼도 오랜 역사를 거쳐 왔습니다.

2008년 미국에서 금융위기가 발생하자 전 세계로 그 영향이 퍼져나갔습니다. 골드만삭스를 포함한 미국의 여러 거대 기업도 **부도** 위기에 빠졌지요.

▎ 세계적인 금융 가문의 창립자인 로스차일드.

전문가 의견

"역사적으로 대출업자가 권력 남용, 흉계, 사기, 폭력 등 모든 수단을 동원해 화폐를 통제하고 화폐 발행권을 확보함으로써 정부 통제라는 목적에 도달한다."

– 제임스 메디슨 미국 4대 대통령

거대한 기업의 파산은 국가의 경제에 악영향을 끼치기 때문에 공적 자금으로 구해 내야 한다는 의견이 떠올랐습니다. 하지만 방만한 운영으로 파산한 기업에 국민의 세금을 투입할 필요가 있느냐는 반론도 강력하게 제기되었어요. 기업에 대한 국가의 지원, 이른바 긴급 구제 지원금을 주어서 위기의 기업들을 구할 것인가, 그냥 놔둘 것인가가 큰 논쟁거리였습니다.

그런데 골드만삭스 출신의 재무장관 헨리 폴슨은 연방준비제도이사회와 함께 미국의 거대 은행들에게 아무런 심사절차도 거치지 않고 즉각 수십 억 달러를 내주었습니다. 곤란에 처한, 친분이 있는 사람들에게 국가의 돈을 마음껏 퍼준 셈이었지요. 중요한 것은 긴급 구제 지원금도 결국 국가의 돈으로써 미국 국민이 낸 세금이라는 점입니다. 이 손실도 앞으로 미국 국민들이 갚아 나가야 할 몫으로 남겨져 있습니다.

기업을 방만하게 운영한 사람들은 책임을 지지 않고, 그런 기업에 국민의 세금을 심사절차도 없이 퍼주는 결정을 하는 것은 올바른 일일까요? 이렇게 연방준비은행은 민간 은행이기 때문에 **공공성**을 추구하는 국가와는 다른 행동을 할 수도 있습니다. 하지만 이러한 모습만으로 중앙은행이 국가의 공공기관이었어야 한다고 단정하는 것은 금물입니다. 국가 지도자의 결정에 따라 국가를 극심한 인플레이션에 빠져들게 만든 역사의 사례가 그것을 증명하지요.

## 중앙은행의 국가로부터의 독립성

중앙은행이 미국의 연방준비은행처럼 국가로부터 독립되어 민간은행의 형태로 존재하는 것이 좋을까요, 아니면 국가의 주도하에 놓여 있는 것이 좋을까요? 답을 내리기 쉽지 않은 주제입니다. 그래도 대한민국 한국은행의 역사를 보면 약간의 실마리를 찾을 수 있을 것입니다.

### ① 일제강점기

우리나라의 중앙은행은 1909년에 처음 생겼습니다. 이름도 지금과 같은 '한국은행'이었지요. 이 은행이 있던 한국은행 본관은 오늘날 화폐박물관으로 사용하고 있습니다. 하지만 이 은행은 이름만 '한국'이지 실제로는 일본 은행이었습니다. 러일전쟁 이후 우리의 경제 **주권**을 빼앗은 일본이 만들었으며, 임원도 모두 일본인이었지요. 한·일 강제병합으로 '한국'이란 표현이 금지되면서 1911년에는 그나마 이 이름조차 '조선은행'으로 바뀌었습니다. 당시 한국은행의 주된 역할도 일본의 대륙 침략에 필요한 자금을 한국에서 조달하는 것이었습니다.

일본으로부터 독립한 뒤에도 대한민국 정부는 중앙은행을 종속시키고 싶어했습니다. 극심한 인플레이션, 미약한 생산 활동, 부족한 세금, 과도한 정부 지출 등을 이유로 중앙은행을 이용할 필요성이 컸기 때문입니다. 직원의 신분도 공무원으로 하고, 중요한 권한도 재무부 장관에게 있어서 중앙은행의 독립성은 아예 없던 시기였습니다.


### ② '진짜' 한국은행의 탄생

우여곡절 끝에 한국은행법이 만들어지고, 국회 통과를 거쳐 1950년 6월 12일 '진짜' 한국은행이 탄생하였습니다. 하지만 6·25 전쟁 이후 전후 복구와 경제개발이라는 목표 달성을 위해 한국은행은 정부 정책의 자금 조달의 역할을 주로 수행하였습니다. 여전히 정부에 소속된 하나의 기관처럼 여겨졌고 이러한 모습은 1980년대까지 지속되었습니다.


### ③ 인플레이션과 외환 위기

급속한 경제 성장은 삶의 풍요로움과 함께 '인플레이션'이라는 과제를 안겨주었습니다. 또한 1997년에 터진 외환위기는 '금융 안정'이라는 새로운 과제도 던져주었지요. 이러한 과제를 안정적으로 수행하기 위해 지금까지와는 다르게 한국은행에 독립성과 자율성을 부여해야 한다는 의견이 힘을 받게 되었습니다. 앞으로 인플레이션(혹은 디플레이션)과 같은 경기 변동, 외환 위기와 같은 금융 불안정이 지속적으로 일어날 것이기 때문에, 이를 전담할 수 있는 중앙은행의 역할이 더욱 커지게 된 것입니다. 다른 외국도 중앙은행의 정책 수행에 부여된 **재량권**을 확대하는 방향으로 제도를 개선하고 있습니다.

### ④ 독립성과 책임, 공공성

중앙은행의 '독립'은 '국가로부터의 독립'이 아닙니다. 모든 외압으로부터의 독립이지요. 미국의 연방준비은행처럼 민간은행으로서 거대 은행가만을 위하는 은행이 아니라, 국가의 공공성과 국민에 대한 책임을 담보해야만 하기 때문입니다.

중앙은행의 '독립'은 특정한 정치권력자나 기업가의 입맛에 맞는 하수인 역할을 하지 않는다는 뜻입니다. 일제강점기처럼 일본의 대륙 침략을 위한 자금 조달 역할만을 하거나 앞서 본 헨리 폴슨처럼 곤란에 처한 친한 기업인들에게 돈을 퍼주어서는 안 되는 것이지요. 그런 의미에서 중앙은행의 '독립성'은 더욱 강조될 필요가 있습니다.

### ⑤ 독립을 위한 조건

한국은행의 결정은 한국은행 **총재** 한 사람이 내리는 것도, 대통령이

정하는 것도 아닙니다. 한국은행의 최고 의사결정기구는 금융통화위원회입니다. 그런 의미에서 정치권력으로부터 어느 정도 독립되어 있으며, 민주적으로 운영된다고 볼 수 있습니다.

하지만 현재 금융통화위원회의 위원은 대부분 대통령이 임명하고 있습니다. 이러한 상황은 한국은행의 독립성을 훼손할 수 있는 단초가 될 수 있습니다. 한편으로는 국민이 선출하지 않은 전문가 집단이 과도한 재량권을 갖고 있는 것이 위험하다는 비판도 있습니다. 국민의 의견을 수렴할 수 있는 다양한 장치들을 찾아나가는 것도 중앙은행의 올바른 발전을 위해 꼭 필요한 일입니다.

## 한국은행이 하는 일

### ① 화폐를 발행합니다.

누구나 화폐를 마음대로 찍어 낼 수 있다면 얼마나 좋을까요? 상상만 해도 기분이 좋아집니다.  하지만 그렇게 된다면 사회가 너무나 혼란스러워질 것입니다. 세상에 돈이 넘쳐나면 또다시 극심한 인플레이션이 시작되겠지요. 아니, 그 전에 화폐의 신용 자체가 사라져 버릴지도 모를 일입니다.

대한민국에서 화폐를 발행할 수 있는 권한을 가진 기관은 한국은행뿐입니다. 한국은행이 발행하지 않은 돈은 위조지폐로 판단되어 법적 처벌의 근거가 됩니다. 한국은행은 시중에 돈이 부족하다고 판단되면 화폐를 발행하고, 시중에 돈이 너무 넘쳐난다고 판단되면 화폐를 거두어 들여 적절한 화폐의 양을 유지하려고 노력합니다. 왜냐하면 돈이 너무 많아도, 너무 적어도 문제가 발생하기 때문입니다.

돈이 너무 많이 넘쳐나면 돈의 가치가 하락해서 물가가 상승하고 경기가 과열되는 인플레이션이 생기고, 돈이 많이 부족하면 돈의 가치가 상승해서 경기가 위축되고 **실업**이 발생하는 상황<sup>이런 상황을 디플레이션이라고 부릅니다</sup>이 발생합니다. 한 국가의 돈의 가치는 너무 높지도, 너무 낮지도 않게 안정적으로 유지해야 합니다. 중앙은행이 맡은 중요한 업무 중 하나죠.

그래서 한국은행법 제1조에 이렇게 정해 놓았다고 합니다. "한국은행은 물가 안정을 도모함으로써 국민경제의 건전한 발전에 이바지함을 목적으로 한다."

물가 안정, 곧 돈의 가치 안정이 중앙은행의 최우선 목표인 것입니다.


## ② 기준금리를 결정합니다.

우리에게는 아마도 금리라는 말보다는 '이자'라는 말이 더 익숙할 겁니다. 우리가 누군가에게 돈을 빌리면, 그 대가로 이자를 지불해야 합니다. 100만 원을 빌린 뒤 1년 뒤에 그 이자로 **원금**인 100만 원에 더해 3만 원을 더 주겠다고 한다면 이자는 연 3퍼센트가 되는 것이지요. 이렇게 원금에서 이자가 차지하는 비율을 금리<sup>이자율</sup>라고 부릅니다.

그런데 이 금리는 누가 정할까요? 이것 또한 마음대로 정한다면 큰 혼란이 생기기 때문에 누군가 기준을 잡아주어야만 합니다. 그것이 바로 중앙은행, 즉 한국은행에서 결정하는 기준금리입니다.

한국은행이 인위적으로 기준금리를 올리고 내리는 목적은 무엇일

▍ 인플레이션과 디플레이션 사이에서 균형을 잡는 것, 그것이 중앙은행의 핵심 역할이다.

집중 탐구 **디플레이션**<sup>deflation</sup>**이란?**

돈의 양이 상품 거래량보다 상대적으로 적어서 물가가 떨어지고 경제 활동이 침체되는 현상을 말합니다. 디플레이션에서는 돈의 양이 부족한 상태여서 생산된 재화가 소비되지 않습니다. 물건이 팔리지 않으면 기업 창고에 재고가 쌓이니 기업은 물건을 생산할 이유가 없어집니다. 기업이 물건을 생산하지 않으면 노동자를 고용하지 않게 되고, 실업자가 늘어나면 상품 소비는 더욱 줄어들어 결국 **불경기**가 오게 됩니다.

까요? 앞서 말했듯 물가와 경기변동에 따라 시중에 풀린 돈의 양을 조절하기 위해서입니다. 기준금리를 내리면 시중에 돈이 풀려 가계나 기업은 투자할 곳을 찾게 되고, 또 이자 비용이 내려가 소비·투자가 활성화돼 **침체**된 경기가 회복됩니다. 반대로 기준금리를 올리면 시중에 돈이 마르고, 이자 비용이 올라가 과도한 투자나 물가상승이 억제돼 과열된 경기가 진정되게 됩니다. 이렇게 중앙은행은 경기가 너무 과열되거나 너무 침체되지 않도록 조절하는 역할을 합니다.

보통 소비·투자를 활성화해 침체된 경기를 회복시키려 할 때 저低금리 정책을 사용합니다. 기준금리가 낮아지면 은행에 돈을 맡겨도 이자가 적기 때문에 개인과 기업은 은행보다 더 높은 수익처를 찾아 나서게 됩니다. 특히 주식과 부동산에 대한 소비가 증가해 주가와 부동산 가격 등 **자산** 가격이 오릅니다. 또 투자를 위해 은행에서 돈을 빌릴 때는 이자 부담도 적기 때문에, 기업이 대출을 많이 해서 투자를 늘리게 돼 경제가 살아날 수 있습니다. 이에 따라 시장에 돈이 풍부해지면서 경제가 되살아나고 물가는 오릅니다. 그러면 가계나 기업의 재산이 증가함으로써 소비·투자가 증가하는 결과로 이어지게 되지요.

최근 세계의 기준금리는 어느 정도일까요? 2016년 2월 기준으로, 미국이 0.5퍼센트, 영국도 0.5퍼센트였습니다. 심지어 유럽연합은 0.1퍼센트, 일본은 0.05퍼센트까지 기준금리를 낮춘 상태입니다. 이들 국가 모두 2007년~2008년 세계금융위기를 겪으면서 시작된 경기침체를 회복하기 위해 지속적으로 낮은 금리를 유지하고 있지요.

### ③ 금융 안정을 위해 노력합니다.

1997년 동남아시아 외환위기$^{IMF 사태}$, 2001년 IT버블 붕괴 사태, 2007년 서브프라임 경제 위기, 2008년 세계 금융위기 등 최근 금융 시장은 굉장히 불안정한 상태입니다. 우리나라도 1997년 IMF 사태의 충격을 벗어난 지 오래되지 않았습니다. 앞으로 이런 금융 위기 상황이 다시 오지 않으리라는 법은 없습니다.

이러한 상황이 왔을 때 위기의 순간을 잘 헤쳐 나가도록 방향을 정하고 실행하는 곳이 바로 한국은행입니다. 한국은행은 부도 위기에 처한 은행이나 기업에 자금을 지원해 준다거나 위기를 빨리 벗어날 수 있는 정책들을 내놓습니다.

만약 일반 은행에 돈이 없으면 어떻게 될까요? 정부가 돈이 없으면 누구에게 돈을 빌릴까요? 이 때 한국은행이 빌려줍니다. 그래서 한국은행을 '은행의 은행', '정부의 은행'이라 부르기도 합니다.

### ④ 외환시장을 안정시킵니다.

한국은행은 적절한 외화를 보유할 수 있도록 노력합니다. 1997년 IMF 사태 때도 갑작스럽게 달러가 부족해서 IMF$^{국제통화기금}$로부터 달러를 빌려 왔습니다. 그 뒤 적정한 수준의 외화를 보유하는 것이 한국은행의 핵심 목표 중 하나가 되었습니다.

우리나라의 외환보유액은 어느 정도일까요? 2015년 6월말 기준 3,747억 5,000만 달러로, 세계 7위의 수준입니다. 외환위기를 겪은 1997년 이후 외환보유액이 가파르게 상승하였고, 지금은 1997년에 비해 18배 이상 많아진 액수입니다. IMF 사태와 같은 위험을 방지하기 위해 안정적인 외환 보유가 필요하다는 시각도 있지만, 세계 10위의 경제 규모에 비해서는 너무 많지 않느냐는 지적도 있다고 합니다. 또한 외환을 보유하는 데는 많은 비용이 들고, 보유한 외환의 상당수가 미국 달러이기 때문에 달러의 가치가 떨어지면 손해를 보게 되는 결과를 우려하는 목소리도 있습니다.

돈으로는 물론 상품을 살 수 있습니다. 하지만 다른 종류의 돈과도 교환할 수 있지요. 심지어는 다른 나라의 돈과도 교환할 수 있습니다. 현실에서는 한국 돈과 외국 돈이 거래되는 형태로 돈과 돈 사이의 거래가 이루어지게 되는데요, 외국 돈이 거래되는 시장을 외환시장이라고 부릅니다. 이 외환시장에서 외국 돈과 우리나라 돈이 교환되는 비율, 즉 환율이 결정됩니다. 그런데 환율이 갑작스럽게 오르거나 내리면 큰 혼란이 발생합니다. 이럴 때 외환시장을 안정시키기 위해서 한국은행이 나서게 됩니다. 시중에 기축통화인 달러가 너무 많아서 환율이 내려간다면, 한국은행이 달러를 많이 사들여서 달러의 가치를 올립니다. 반대로 시중에 달러가 너무 적어서 환율이 올라갈 때에는, 한국은행이 달러를 시중에 내보내서 달러의 가치를 내립니다. 이런 식으로 환율이 적절한 수준을 유지하면서 안정을 찾을 수 있도록 노력합니다.

환율의 변화는 국내뿐 아니라 국제 관계에도 큰 영향을 줍니다. 다음 장에서는 이러한 환율이 국제관계에 주는 영향을 살펴보고, 그것이 어떻게 국내의 인플레이션에 영향을 주는지 살펴보도록 하겠습니다.

- 중앙은행은 다른 은행에 돈을 빌려주거나 화폐를 발행하는 등, 일반 은행을 관리하고 나라의 경제를 조정하는 역할을 맞는 특수한 성격의 은행이다.
- 중앙은행은 정부로부터 일정한 독립성을 확보해야 한다.
- 중앙은행은 통화량 조절을 통한 물가안정, 금리 조절을 통한 경기 조절, 외환시장의 안정 등을 주요 목표로 한다.

**4**

CHAPTER

# 환율과 인플레이션

서로 다른 나라의 화폐를 교환할 때 비율을 환율이라고 부릅니다. 환율은 국가 간
무역량에 직접적 영향을 주며, 세계 경제, 더 나아가 국가의 흥망에도 영향을 줍니다.

**요즘은** 전 세계 경제가 서로 연결되어 있는 세계화 시대입니다. 이러한 세계화 시대에 우리 생활에 큰 영향을 주는 것이 바로 환율입니다. 이를테면 해외여행을 가기 전에 은행에 들러 외국 돈으로 바꿀 필요가 있지요. 해외에서 물건을 직접 구매하려 할 때 환율은 중요한 판단 기준이 됩니다. 비단 이러한 일상 생활만이 아니라 환율은 국가의 경제 전반에 큰 영향을 미칩니다. 예를 들어 미국 달러의 가격이 원화에 비해 많이 비싸지면 미국에서 원자재를 수입해 가공해 만드는 상품의 국내 가격은 덩달아 올라갈 거예요.

외국 돈과 우리나라 돈을 바꾸는 비율을 환율이라고 부릅니다. 돈과 돈끼리 '교환 비율'의 줄임말이지요.

"1$ : 1,000₩"

이 표시는 미국 돈 달러와 우리나라 돈 원을 바꿀 때, 1달러의 가치가 1,000원의 가치와 똑같다는 뜻입니다. 돈으로 물건을 사듯이 돈으로도 돈을 살 수 있다는 것을 알 수 있습니다. 즉, 만 원짜리 우리나라

지폐가 한 장 있다면 그것으로 1달러짜리 미국 지폐 열 장을 살 수 있는 셈이지요.

만약 우리가 1만 원의 돈으로 10개의 물건을 살 수 있다가 나중에는 같은 돈으로 8개의 물건만을 살 수 있게 된다면, 보통 우리는 돈의 가치가 예전만 못하다, 즉 떨어졌다라고 얘기합니다. 물건의 가격은 올라간 셈이기에 물가, 즉 물건의 가치는 올라갔다고 볼 수도 있지요.

마찬가지로 1만 원의 돈으로 10달러를 살 수 있다가 나중에는 8달러만 살 수 있게 된다면 우리는 원화의 가치가 떨어지고 달러화의 가치는 올라갔다고 표현할 수 있습니다.

이렇듯 환율은 각 나라의 화폐 가치가 마치 물건을 사고파는 시장에서처럼 서로 영향을 주고받으며 변하는 상대적인 개념입니다.

환율은 무역에 어떠한 영향을 줄까요? 10,000원이 10달러로 교환되었다가 우리나라 돈의 가치가 떨어져서, 10,000원이 8달러로 교환된다고 가정해 봅시다. 그러면 10달러를 받고 수출하던 10,000원짜리 상품이 해외에서는 8달러에 팔려 나갑니다. 수출을 하는 기업 입장에서는 다른 나라의 상품보다 저렴한 가격으로 자사의 상품을 많이 팔 수 있는 호기인 셈이지요. 반면 우리나라 돈의 가치가 상승해서, 10,000원이 12달러로 교환된다고 하면, 예전에 우리나라에서 만든 10,000원짜리 물건이 해외에서 10달러가 아닌 12달러에 팔리게 됩니다. 자연히 수출에는 불리한 상황이지요. 이처럼 환율은 국가경제에 곧바로 영향을 줍니다.

## 플라자 합의와 일본의 잃어버린 20년

플라자 합의$^{Plaza\ Accord}$는 1985년 9월 22일 G5$^{미국,\ 영국,\ 독일,\ 프랑스,\ 일본}$의 재무장관들이 미국 뉴욕의 플라자 호텔에서 맺은 합의로, 회의 개최 장소의 이름을 따서 명칭이 붙었습니다. 플라자 합의의 주요 내용은 일본의 엔$^{¥}$화와 독일의 마르크$^{DM}$화의 화폐 가치 상승을 유도하는 것이었습니다. 이 합의는 강력한 정치적·군사적 영향력을 행사하던 미국의 주도로 이루어졌습니다.

미국이 일본, 독일과 무역을 한다고 했을 때, 일본과 독일 화폐의 가치가 올라간다면 미국의 화폐인 달러의 가치는 어떻게 될까요? 맞습니다. 환율에서 알아보았듯이 상대 국가의 화폐 가치가 오르면 자국의 화

▎뉴욕의 플라자 호텔.

▍엔화의 가격 상승은 일본에서 거품 경제라는 파국의 원인이 되었다.

폐 가치는 내려가게 되어 있습니다. 그런데 미국 화폐인 달러의 가치가 내려가면 미국의 입장에서는 무엇이 좋을까요? 미국 제품의 가격이 내려가면, 다른 나라 사람들이 미국의 상대적으로 싼 제품을 많이 사가게 되어, 미국의 입장에서는 수출이 아주 잘 되게 되는 좋은 결과가 생깁니다.

미국은 이 플라자 합의를 통해 당시 쌍둥이 적자<sup>정부 재정과 무역에 있어서의 적자</sup>에 허덕이던 자국의 수출경쟁력을 높이고 무역 적자를 개선하기 위해 달러화 가치를 하락시키려 한 것입니다.

플라자 합의 이후 미국은 **불황**에서 탈출하여 세계시장에서 경쟁력을 회복했고, 1990년대에 들어 신경제 현상으로 불리는 고성장을 지속했습니다. 하지만 일본과 독일은 반대로 오랫동안 경제 불황을 겪어야 했습니다.

특히 1980년대 초중반까지 4~5퍼센트의 안정적 성장을 지속했던 일본은 플라자 합의 이후 수출이 급격히 감소하고, 경제 활성화를 위해 정부가 시행한 **저금리** 정책이 오히려 부동산 투기로 이어져 **거품 경제**가 양산되었습니다. 그 뒤 이를 막기 위해 정부가 금리<sup>이자</sup>를 인상하자 부동산 가격이 급락하고 기업과 은행이 무더기로 도산하는 등 큰 어려움을 겪었습니다. 이러한 일본의 장기 침체를 두고 '일본의 잃어버린 20년'이라 부르기도 한답니다.

---

**집중 탐구** **일본의 잃어버린 20년?**

일본도 우리나라처럼 땅을 사두면 훗날 반드시 이득을 볼 것이라는 '부동산 불패 신화'가 있었습니다. 1980년대에 사람들이 집중적으로 내 집 마련에 뛰어들기 시작했고, 집값이 몇 년 사이에 3배 이상 오르기도 했습니다. '도쿄 중심가 왕궁이 있는 지요다千代田구 하나를 팔면 캐나다 땅 전부를 살 수 있다'는 말이 생길 정도였습니다. 하지만 1990년대 들어서 집값의 거품이 급격하게 빠지기 시작하였고, 주식 가격 급락과 함께 최대의 일본 경제에 위험 요소로 변해버렸습니다.

이러한 경기 침체를 해결하기 위해 일본 정부는 약 73조 엔 <sup>우리나라 돈 약 700조 원</sup>의 재정을 투입하였습니다. 하지만 이 중 많은 돈을 '토건 사업'에 쏟아부어서 퇴출돼야 할 부실 건설사들만 연명시키고 말았습니다. 결국 '잃어버린 20년'이라 불리는 장기 경기 불황에 빠져들고 맙니다.

현재 일본은 연간 20만 채씩 주인 없는 빈집이 늘어나고 있다고 합니다. 이는 우리나라 분당시의 2배 규모입니다. 일본과 비슷한 사회 시스템의 우리나라. 우리나라도 일본의 모습을 따라가게 될까요?

## 1995년 역플라자 합의와 IMF 사태

1985년의 플라자 합의로 우리나라 경제는 어떻게 되었을까요? 우리나라는 일본과도 무역을 하고 있었는데, 플라자 합의로 일본 엔화의 가치가 올랐으니 반대로 우리나라 돈의 가치는 떨어지게 되었습니다. 우리나라 돈의 가치가 떨어지자 값이 싸진 우리나라 제품의 수출은 호황기를 만났습니다. 1980년대는 우리나라 입장에서는 그야말로 황금기였지요.

그런데 일본의 경제가 너무 안 좋아지자 1995년에 플라자 합의와 반대되는 정책인 '역플라자 합의'를 하게 됩니다. 일본 엔화의 가치를 떨어뜨리는 것이 주요 내용이었지요. 이번에는 일본 엔화의 가치가 떨어지면서 우리나라 경제는 곧바로 큰 타격을 받게 됩니다. 상대적으로 비싸진 가격 때문에 수출에 적신호가 들어왔지요. 역플라자 합의는 우리나라뿐 아니라 태국, 인도네시아, 필리핀 등 아시아 국가들이 외환위기를 겪게 되는 직접적인 계기가 되었습니다. 1997년 우리나라가 겪은 IMF 사태의 중요한 원인이 되기도 했지요.

이렇게 한 나라의 경제 정책은 다른 여러 나라에 큰 영향을 주게 됩니다. 몇몇 강대국의 힘에 의해 좌지우지되는 국제 경제의 모습도 엿볼 수 있습니다.


## 유럽연합과 중국의 성장

지금까지 경제 1위의 국가라고 하면 자연스럽게 미국을 꼽을 정도로 그 영향력과 규모가 컸습니다. 지금도 미국의 지위는 여전하지만, 최근 유럽연합<sup>EU</sup>과 중국의 성장이 굉장히 빠릅니다. 유럽연합은 유럽 28개

국을 회원으로 삼는 연합체로, 유로<sup>€</sup>라는 단일 화폐를 사용합니다. 유로
는 미국 달러에 이어 두 번째로 기축통화가 되었습니다. 중국은 지금 세
계 2위의 경제 대국으로 성장하였으며, 얼마 전 중국의 화폐 위안 <sup>yuan</sup> 이
세 번째로 기축통화가 되기도 하였습니다.

유럽연합과 중국이 이렇게까지 성장하게 된 이유는 무엇일까요? 여
러 가지 원인이 있겠지만, 유로화와 위안화의 약세도 한몫하였습니다.
미국 달러에 비해 유로화와 위안화의 가치가 떨어지다 보니 유럽과 중
국의 수출이 잘되었던 것입니다. 화폐의 가치가 떨어진다는 것은 그 자
체로 안 좋은 부분도 있지만, 수출이 잘되는 좋은 부분도 있습니다.

반대로 미국은 달러의 가치가 높아지는 것은 좋지만, 수출이 잘 안

▌ 세계 3대 기축통화. 달러, 위안, 유로.

되어 경제가 침체되는 상황에 놓이게 되었습니다. 이런 상황이 지속된다면, 언젠가는 유럽연합과 중국에게 경제 1위의 나라라는 지위를 넘겨주게 될지도 모릅니다.

지금까지의 사례만 보면 화폐의 가치는 무조건 떨어지는 것이 좋아 보입니다. 화폐 가치가 떨어져야 외국에 수출할 때 더 낮은 가격을 매길 수 있고, 경제가 흑자가 되니까요. 하지만 화폐 가치를 무작정 낮출 수도 없습니다. 바로 인플레이션과 화폐 가치 사이의 관계 때문입니다.

### 인플레이션과 환율

인플레이션과 환율은 어떤 관계일까요?

한번 복습해 봅시다. 만약 우리나라에서 인플레이션이 발생해 지속적으로 물가가 상승했다면 화폐의 가치는 어떻게 될까요? 물가가 상승하면 화폐의 가치는 떨어지게 됩니다. 한 걸음 더 나아가, 우리나라 돈의 가치가 떨어지면 외국 돈의 가치는 어떻게 변할까요? 우리나라 돈의 가치가 떨어지면, 외국 돈을 사기 위해 더 많은 돈을 지불해야 하기 때문에 외국 돈의 가치가 올라가게 됩니다. 반면 한국 돈의 가치는 상대적으로 하락하지요. 즉 우리나라에서의 인플레이션은 환율 상승으로 이어집니다.

반대로 미국에서 인플레이션이 발생하면 어떻게 될까요? 미국 돈 달러의 가치가 떨어지게 되고, 그렇게 되면 우리나라 돈을 조금만 지불해도 같은 달러를 구할 수 있기 때문에, 우리나라 돈의 가치는 올라가게 됩니다.

이렇게 인플레이션과 환율이 직접적으로 서로 영향을 주고받는 것을 확인할 수 있습니다.

위에서는 화폐 가치가 떨어져서 환율이 상승하면 무조건 경제적으로 도움이 되는 것처럼 보였습니다. 그러나 이러한 화폐 가치의 하락은 반드시 인플레이션을 수반하므로 이러한 물가 상승을 국민들이 감내할 수 있는지 여부도 같이 보아야 합니다.

▌ 미국과 중국 사이의 환율 전쟁은 세계 경제의 핫 이슈다.

기축통화 Key currency, 基軸通貨란?

'기축基軸'은 '토대나 중심이 된다'는 의미인데, 저마다 자국 통화를 쓰는 수 많은 나라들이 거래하는 세계시장에서 토대나 중심이 되는 화폐를 기축통 화라고 합니다. 기축통화는 국가 간 무역에 사용되고, 환율 평가 때 기준 이 되며, 국제 상품과 금융 거래에서 중심적인 역할을 합니다. 한 나라의 통화가 기축통화가 되려면 국제 무역시장과 금융시장에서 원활히 유통될 수 있을 정도로 '유동성'이 풍부해야 하고 거래당사자들이 믿고 사용할 수 있을 정도의 '신뢰성'이 있어야 합니다. 이에 따라 국제적으로 경제력은 물 론 정치력·군사력까지 인정받는 국가의 화폐가 기축통화로 기능할 가능 성이 큽니다. 이 같은 요건을 갖춘 미국 달러화가 지금까지 세계시장의 기 축통화로 기능하고 있었고, 새로이 유럽연합의 유로화와 중국의 위안화가 기축통화로 인정을 받고 있습니다.

## 간추려 보기

- 외국 돈과 우리나라 돈을 바꾸는 비율을 '환율'이라고 부른다. 이는 돈과 돈 사이의 교환 비율의 약자를 의미한다.
- 환율의 상승은 수출의 증가, 환율의 하락은 수출의 감소로 이어진다. 환율은 국가 경제에 직접적 영향을 주며, 국가의 흥망에도 영향을 준다.
- 환율의 상승은 자국 화폐 가치의 감소를 동반한다. 이는 인플레이션과 연결된다.

# 5

# 경제위기와 인플레이션

2008년 경제위기 이후 세계 경제 환경은 크게 변화했습니다. 각국은 경기를 부양하기 위해 경쟁적으로 돈을 시장에 풀고 있고, 이는 인플레이션에 대한 우려로 이어지고 있습니다.

# 경영이

부진한 기업은 적자를 내고, 경우에 따라서는 문을 닫고 도산하는 경우도 있음을 우리는 알고 있습니다. 그렇다면 나라는 어떨까요? 사실 경제 규모가 큰 나라의 정부들도 빚에 시달리고 적자에 시달리는 경우가 많답니다.

한국도 1997년에 'IMF 사태'라고 하는 큰 경제위기를 맞이한 적이 있습니다. 보유한 달러가 부족하다 보니 외국에서 진 빚을 갚을 수가 없어서 IMF<sup>국제통화기금</sup>에게 200억 달러를 빌렸었습니다. 태국에서 발생한 위기가 동아시아 여러 나라에 영향을 주었는데, 우리나라도 그 영향으로 큰 피해를 보았습니다. 국가 전체가 맞은 이 위기를 극복하기 위해 우리나라에서 벌인 금모으기 운동을 아직도 기억하는 어른들이 있을 거예요.

세계 제일의 경제대국이라는 미국도 예외는 아니랍니다. 2008년 글로벌 금융위기 이후 미국은 경제위기를 극복하는 과정에서 큰 부담을 안아서, 2010년 미국 국민들이 내는 세금은 총 2조 4,500억 달러인데 비해 미국 정부가 쓴 돈은 총 3조 5,400억 달러에 달했습니다. 그해에만 약 1조 달러의 적자를 본 셈이지요.

이렇게 매해 1조 달러씩 적자가 쌓이고, 이를 메우기 위해서는 빚을 내

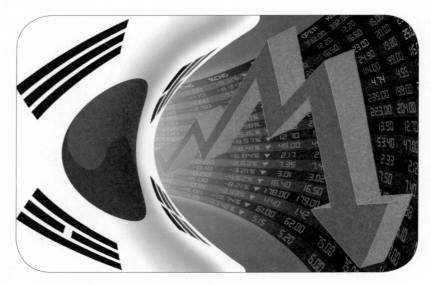

┃ 승승장구하던 한국 경제의 급격한 추락은 드라마틱한 것이었다.

야 하는데 이 빚에 대한 이자만 계산해도 엄청났습니다. 최근 미국의 국
가 **채무**는 17조 달러로 역사상 가장 큰 빚쟁이가 되고 말았습니다. 이 액
수는 우리나라 1년치 국가 예산의 약 50배에 해당합니다.

### 나라가 돈이 부족할 때

미국처럼 극단적인 경우가 아니더라도, 정부는 경제 상황의 변화에 대
응하거나 경제를 활성화시키기 위해 기존 예산에 추가로 돈을 써야 하는
경우들이 발생합니다. 매해 하반기 뉴스를 보면 정부에서 추가경정예산,
즉 '추경예산'이라며 예산을 발표하는 것을 볼 수 있습니다. 대개 몇 조,
혹은 몇십 조에 달하는 막대한 예산인데요, 이처럼 정부도 예상외의 돈

을 쓸 일이 생기고 때로는 막대한 빚을 지기도 합니다. 일반인이 돈이 없다면 취업을 하여 월급을 받거나 사업을 해서 돈을 벌 수도 있을 것입니다. 하지만 정부는 어찌해야 할까요?

우리의 월급에 해당하는 것이 정부로 치면 세금일 것입니다. 쉽게 말해 정부의 돈을 충당하려면 세금을 올리는 것도 한 방법이지요. 하지만 세금을 올리는 것, 이른바 증세는 정부의 입장에서 선택하기 쉽지 않은 방법입니다. 오늘날 국민의 세금은 아무런 대가 없이 국가에 바치는 돈이 아닙니다. 국민에게 세금을 받는 대신 국가는 국방과 치안 업무는 물론이고 국민과 국민이 자유롭고 공정한 경쟁을 펼치며, 인간다운 삶을 누릴 수 있도록 정책을 꾸려나가야 합니다. 그리고 이를 위해 투입한 세금의 사용처를 투명하게 공개해야 하지요.

복지국가로 유명한 북유럽의 국가들은 대체로 이러한 제도가 잘 갖춰져 있습니다. 복지국가의 국민은 자신들의 세금이 어디에 어떻게 쓰이는지 쉽게 알아 볼 수 있으며, 세금이 허투루 쓰이지 않을 거라는 강한 신뢰를 국가에 보냅니다. 심지어 국가가 증세를 결정하더라도 국민적 저항감은 그리 크지 않습니다.

하지만 대한민국에서, 만약 여러분에게 세금을 더 내라고 하면 어떤 일이 벌어질까요? 대한민국의 조세투명도는 아직 선진국을 따라잡지 못하고 있습니다. 과거 독재정부와 군사정부 시절에 비해 오늘날 정부의 정책은 많이 투명해졌습니다. 하지만 국민의 의식을 바꾸기에는 여전히 역부족이지요. 정부도 이런 상황을 알기 때문에 직접 국민에게 세금을 올리는 방식은 꺼리고 있습니다. 또한 국민의 표를 얻어야만 집권

할 수 있는 현대 사회에서, 세금을 올리자는 정책을 공약으로 내는 대담한 정치인도 많지 않습니다. 마치 월급을 더 받기 쉽지 않은 것처럼, 세금 또한 올리기 매우 어려운 면이 있습니다.

세금을 올리지 않는다면, 국가는 어떤 방식으로 돈을 마련해야 할까요? 보통 사람들은 월급으로도 돈이 부족해질 경우에 대체로 남들에게 돈을 빌리게 되는데요, 가족이나 아는 사람 혹은 은행에서 돈을 빌리고 그 대가로 빌린 돈에다 이자를 얹어서 갚습니다.

사실 국가도 이와 비슷한 방식으로 돈을 '빌립니다'. 국가 역시 개인처럼 돈을 받고 원금과 이자를 함께 갚겠다는 증서를 팔아서 돈을 마련하는데요, 이때 발행하는 증서를 '국채<sup>Government bond</sup>'라고 부릅니다. 국채는 국가가 국회의 의결을 얻어 공공 및 재정 투자, 융자에 필요한 자금의 조성을 위해 발행하는 **채권**입니다. 국채를 사는 사람은 정해진 기간이 지나면 빚을 돌려받는 것처럼 원금과 이자를 국가로부터 받을 수 있는 권리를 가지게 됩니다.

그런데 국채는 국가가 발행했기 때문에 돌려받는 사람 입장에서는 매우 안정적인 투자 방법이 될 수 있습니다. 사람은 갑자기 다치거나 죽거나 경제적으로 파산할 수도 있고, 기업도 부도가 날 수 있지만, 국가는 개인이나 기업에 비해 수명이 길고 안정적이니까요.

그렇다면 국가는 국채를 누구에게 팔 수 있을까요?

첫 번째로 우리나라 국민이 살 수 있습니다. 우리나라 국민이 국채를 사게 되면, 개인의 돈이 정부로 흘러들어가게 됩니다. 만약 정부가 시중에 떠도는 돈의 양을 줄일 목적이라면 국채를 발행함으로써 그 목

▌ 빚과 미국은 이제 뗄 수 없는 관계다.

집중 탐구 **추경예산**추가경정예산, 追加更正豫算**이란?**

헌법 제56조에서는 "정부는 예산에 변경을 가할 필요가 있을 때는 추가
경정예산을 편성하여 국회에 제출할 수 있다."고 규정하고 있습니다.
일반적으로 정부는 예산안을 편성할 때 미리 예비비를 두어 예산 성립 후
에 일어나는 예비 지출에 대비하고 있으나, 예비비만 가지고 충족할 수
없는 경우에는 추가경정예산안을 편성하여 국회의 심의를 받아야 합니다.

┃ 미국 국채. 세계 초강대국이 보증하는 가장 안전한 자산 중 하나다.

적을 달성하게 되겠지요. 반대로 '경제 살리기'가 목적이라면 이렇게 모은 돈을 다시 시장에 풀어놓아 시중에 떠도는 돈의 양을 늘릴 것입니다.

두 번째로 외국 사람들이 살 수 있습니다. 외국에서 우리나라 국채를 사게 되면, 외국 돈이 우리나라로 들어와서 전체적인 돈의 양은 늘어나게 됩니다. 문제는 이렇게 빌린 외국 돈을 갚지 못하게 되는 상황이 생길 수 있다는 것입니다. 2000년에 아르헨티나가 디폴트<sup>채무 불이행</sup>를 선언한 경우가 있습니다. 국가의 경제 상황이 악화되어 미국에게 미국 달러를 기준으로 빌린 채무를 지급할 수 없게 되었기 때문에 생긴 일이지요.

그런데 국채를 사 줄 사람이 아무도 없다면 어떻게 될까요? 국민에게도 인기가 없고 해외에서도 찾지 않아 국채가 팔리지 않는 경우가 있습니다. 이럴 때에는 한국은행이 국채를 인수합니다. 한국은행은 돈이 어디에서 나와 국채를 사는 걸까요? 알다시피 한국은행은 돈을 발행하는 기관이기 때문에, 돈을 직접 발행해 국채를 사면 됩니다.

마지막 방법은 정부가 국채를 발행한다기보다는, 은행이 돈을 발행해 정부에게 돈을 주는 것이라고 할 수 있지요. 바로 이 마지막 방법이 중앙은행을 조정할 수 있는 정부만의 특권으로, 흔히 "정부가 돈을 푼다."라고 표현합니다. 좀 더 어려운 표현으로는 '양적 완화'라고 부릅니다.

▌ 채권을 사서 미군을 지원할 것을 호소하는 세계대전 당시의 포스터들.

## 돈을 찍어내는 것

2008년에는 미국에서 큰 경제 위기<sup>서브프라임 모기지 사태</sup>가 발생했습니다. 경제대국이라고 하는 미국에서 위기가 생겼으니, 전 세계 다른 나라는 어떠했을지 예상이 가지요. 경제 위기를 극복하기 위해 미국은 막대한 적자를 감수해야 했고 이를 메우기 위해서 아래와 같이 여러 차례의 양적 완화 정책을 펼쳤습니다.

- 첫 번째 양적완화 : 2008년 ~ 2011년, 총 1조 7,000억 달러
- 두 번째 양적완화 : 2010년 11월부터 6개월간, 총 6,000억 달러
- 세 번째 양적완화 : 2012년 9월부터, 매달 400억 달러(무기한)
- 네 번째 양적완화 : 2012년 12월부터, 매달 450억 달러(무기한)

*(달러의 가치는 환율에 따라 달라지는데, 보통 '×1,000원'을 하면 원화로 환산한 대략적인 가치를 알 수 있다. 1조 7,000억 달러 ≒ 1,700조 원)*

위의 금액을 모두 합치면 약 3조 달러에 달합니다. 이러한 어마어마한 금액을 시장에 공급하기 위해 미국이 선택한 방법이 바로 화폐 발행이었습니다. 미국의 **통화**인 달러는 기축통화이기 때문에 마음만 먹는다면 무한정 발행할 수 있습니다. 다른 나라는 절대로 할 수 없는, 기축통화를 보유한 미국만이 할 수 있는 행동이지요.

이 정책을 주도한 인물은 벤 버냉키로서, 1930년대 대공황에 대한 연구에 평생을 바친 인물이었습니다. 학자로서 경력을 쌓아 앨런 그린스펀의 후임으로 2006년 연방준비제도 이사회의 이사장에 임명되었

고, 2008년 경제 위기 때 평생 대공황을 연구해 온 학자로서 과감하게 '양적 완화' 정책을 채택하여 위기를 수습하였습니다.

한 나라의 GDP와 맞먹을 만큼의 많은 돈을 찍어 시장에 풀어놓는 일. 오늘날 이러한 현상은 그리 드문 일이 아닙니다. 비단 미국만이 아니라, 전 세계 대부분 나라에서 종종 벌어지는 일이지요.

미국은 달러를 많이 발행해서 어떻게 경기를 활성화시킬 수 있을까요? 이미 이야기했듯이 달러의 가치를 떨어뜨려 미국 제품의 가격을 낮춰 수출이 잘되게 함으로써 경기를 회복시키겠다는 전략입니다.

경제가 전체적으로 이상적으로 돌아가고 있다면, 이러한 양적 완화 정책으로 미국도 잘살게 되고, 다른 나라도 잘살게 되어 별 문제가 되지 않을 것입니다. 하지만 어느 한 나라가 수출이 잘 된다면 다른 어느 나라는 수출이 잘 안 될 수밖에 없으며, 결과적으로 잘사는 나라가 생기면 그 반대로 어려워지는 나라도 생길 수밖에 없습니다. 이렇게 미국은 기축통화를 마음대로 발행할 수 있다는 막강한 권한을 이용해서 세계의 부의 지도를 순식간에 바꾸어 놓고 있습니다.

최근 미국과 중국 정부는 위안/달러 환율을 놓고 첨예하게 대립하고 있습니다. 미국은 중국 위안화의 가치를 올리라고 하고, 중국은 그럴 수 없다고 맞서고 있는 것입니다. 중국 사람들 입장에서는 자기 나라 돈의 가치가 올라가는 것은 좋은 일입니다. 수입품도 싸게 살 수 있고, 소득도 증가하고, 해외여행을 갈 때도 유리해지기 때문입니다. 하지만 이것은 소비자 입장에서의 생각입니다. 기업이나 국가 전체의 입장에서는 수출을 위해 자국 화폐의 가치가 낮은 편이 유리합니다. 그래서 이렇게 각 나라마다 화폐의 가치가 오르고 내리는 것에 민감하게 반응하고 있는 것이지요.

▌대공황 전문가 벤 버냉키는 경제위기 상황에서 적절한 구원투수였다고 평가받는다.

2002년 11월 연방준비은행의 이사가 될 예정이었던 벤 버냉키는 "미국 경제가 일본과 같은 '잃어버린 10년'을 겪을 가능성이 있는가?"라는 질문에 "미국과 일본의 경제 구조는 완전히 달라 그런 상황이 일어날 가능성이 적고, 설사 그런 위기가 온다 해도 헬리콥터에서 달러를 뿌리듯이 중앙은행이 대규모 통화완화 정책을 단행하면 디플레이션을 막을 수 있다."라는 말을 남겨 '헬리콥터 벤'이라는 별명을 얻었습니다. 2008년 금융위기 이후 이를 수습하는 과정에서 자기 발언대로 대규모 양적 완화를 단행하여 세계 경제를 일단 살려놓는 데 성공했습니다.

## 환율전쟁

양적 완화 정책으로 미국은 경기를 회복할 수 있겠지요. 그렇다면 다른 나라들은 가만히 있을까요? 이미 이야기했듯 중국은 미국과의 무역 분쟁을 감수하고서라도 자기 나라 화폐의 가치를 하락시키기 위해 노력하고 있습니다. 더불어 미국도 돈을 많이 풀었으니, 다른 나라도 돈을 많이 풀게 되면 환율은 계속 비슷한 상태로 유지가 될 것입니다.

만약 양적 완화의 흐름에 동참하지 않아 자국 화폐의 발행을 늘리지 않는다면 그 나라는 바로 수출경쟁력이 약화되어 큰 타격을 입게 됩니다. 자국 화폐의 가치가 올라 수출품의 가격도 올려야 하기 때문입니다.

돈을 찍어내는 모습. 현실의 양적 완화는 말 그대로 돈을 찍어내는 것은 아니고 국채나 주요 기업의 주식을 매입하는 형태로 이루어진다. 그러나 결국 시장에 막대한 화폐가 풀리는 것과 다를 바 없다.

그래서 세계 각국은 먼저 패배하는 자가 되지 않기 위해 경쟁적으로 시장에 화폐를 풀고 있는 상황입니다. 실제로 미국의 양적 완화 시기에 맞추어서 유럽연합, 중국, 일본, 러시아, 스위스, 우리나라까지 **통화량**을 증가시켰습니다.

이렇게 화폐와 환율을 둘러싼 소리 없는 전쟁을 '환율전쟁'이라고 부르는 사람도 있습니다.

최근 세계경제의 추세 중 하나가 이 환율전쟁이라고 볼 수 있습니다. 그런데 환율전쟁의 마지막은 어떻게 결론 날까요? 각 나라마다 화폐의 가치를 떨어뜨리기 위해 계속해서 돈을 찍어낸다면 어떤 결과가 찾아올까요? 맞습니다. 물가가 상승하는 인플레이션 현상이 생겨날 수밖에 없습니다. 많은 사람들이 미국뿐 아니라 여러 나라가 양적 완화 정책에 동참한다면 전 세계적인 인플레이션 현상이 발생할 수도 있다고 경고합니다.

정부는 나라 경제가 발전해야 개인도 잘살 수 있다고 주장합니다. 그런 주장을 따른다면, 이렇게 돈을 찍어내어 발생하는 인플레이션도 어쩌면 우리가 감수해야 할 몫일 수도 있습니다. 그러나 실상은 통화량 증가에 의한 인플레이션이 보이지 않는 방식으로 우리에게 돈을 빼앗아 가는 행위입니다. 이를 인플레이션이 일으키는 세금Tax이라는 의미에서 인플레이션 텍스, 즉 인플레이션 세금이라고 부릅니다. 이에 대하여 다음 장에서 보다 상세하게 살펴보도록 하겠습니다.

▌세계 각국은 경쟁적으로 환율전쟁에 나서고 있다.

간추려 보기

• 국가가 재정 위기에 빠지면 국채, 세금, 화폐 발행 등의 방법으로 재정 부족을 메운다.
• 대규모 화폐 공급을 통한 시장 활성화를 일반적으로 '양적 완화'라고 부른다.
• 2008년 금융 위기 이후 양적 완화는 전 세계적인 흐름이 되었다.

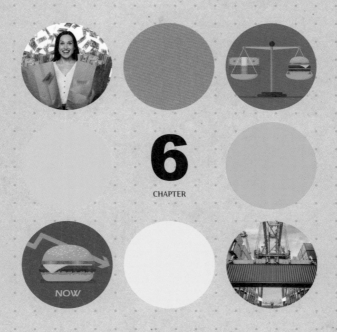

# 인플레이션 세금

국가가 화폐를 발행하여 화폐량을 늘리면, 물가의 상승이 발생하고 국민의 구매력은
감소합니다. 이를 인플레이션 세금이라고 부릅니다.

**CHAPTER**
**6**

# 만약 정부가

다음과 같은 두 가지 정책을 편다고 합시다. 하나는 세율을 10퍼센트 높여서 세금을 더 많이 걷어가는 정책이고, 다른 하나는 돈을 10퍼센트 더 찍어 풀겠다는 정책입니다. 이 중에서 여러분은 어떤 정책에 표를 던지겠습니까? 아마도 두 번째 방법에 더 많은 표가 몰리지 않

돈은 많으면 많을수록 좋아 보인다. 정말 그럴까?

을까 싶습니다. 하지만 두 가지 정책 모두 국민에게서 돈을 똑같이 더 거두어간다는 점에서는 똑같습니다. 똑같은 결과인데 사람들도 좋아하고 별다른 저항이 없다면 정부의 입장에서는 그야말로 좋은 방법인 셈이지요.

돈을 더 많이 찍어내면 어떻게 될까요? 돈의 양이 많아지겠지요. 돈의 양이 많아진다면 돈의 가치는 어떻게 될까요? 우리 주변에 상품이 한 종류 있는데, 그 상품의 양이 갑자기 많아진다고 생각해 보세요. 쉽게 표현하면 그 상품이 너무 흔해지겠지요. 어떤 상품이 너무 흔해지면 그 상품의 가치는 어떻게 되나요? 맞습니다. 너무 흔하다는 말은 그만큼 가치가

화폐가 늘어나면 햄버거 하나를 사기 위한 화폐는 늘어난다.
화폐 한 장 한 장의 가치는 줄어드는 셈이다.

낮다는 것과 같습니다. 돈도 마찬가지입니다. 돈의 양이 많아지면 그만큼 돈의 가치는 떨어지기 마련입니다.

돈의 가치가 떨어지면 그 돈으로 살 수 있는 상품의 가치는 어떻게 될까요? 똑같은 만 원짜리 지폐인데 돈의 가치가 떨어지면 우리가 살 수 있는 상품의 양은 줄어들게 됩니다. 즉 돈의 가치가 떨어지면 상품의 가치는 반대로 올라가게 됩니다. 이것을 '물가<sub>물건, 즉 상품의 가치</sub>가 상승했다'라고 말합니다. 정부가 화폐를 발행해 돈의 양이 많아지면 물가가 상승해 우리가 번 돈의 가치는 떨어지게 되는 것입니다. 당연히 물가가 상승한 만큼 우리의 소득이 줄어드는 셈이 되겠지요. 앞에서 말한 첫 번째 방법과 두 번째 방법이 별 차이가 없다는 뜻이 바로 이것입니다.

▋ 따라서 화폐 한 장으로 살 수 있는 햄버거는 줄어드는 것이다.

이 때문에 학자들은 이것을 '인플레이션 텍스inflation tax', 즉 인플레이션 세금이라고 부릅니다. 돈을 발행한 정부는 구매력을 가지게 되지만 정작 국민들, 특히 고정적인 월급에 의존하여 사는 서민들의 구매력은 감소하기 때문이지요. 국민들의 구매력을 정부로 이동시키는 것이나 다름이 없기에 사실상 세금이나 마찬가지라는 의미로 이렇게 부릅니다. 사람들이 알아채지 못한 상태에서 거두어들이는 돈이기에 '숨겨진 세금'이라고도 부르지요.

## 왜 인플레이션 세금이라는 말을 들으면서 돈을 푸는 것일까요?

정부는 돈을 푸는 목적을 "침체된 경제를 살리기 위해서"라고 우리에게 말합니다. 정부가 돈을 많이 풀면 국민 개개인의 소득이 늘어난다, 소득이 늘어나면 소비가 늘어나 경제가 살아난다, 대출할 수 있는 돈의 양도 많아진다, 기업이 대출을 많이 해서 투자를 많이 하면 경제가 살아난다, 다양한 정부 주도의 공공사업이 많아져서 일자리도 많아진다, 일자리가 많아지면 다시 국민의 소득이 늘어나 경제가 더욱 잘 돌아가게 된다는 것이 내세우는 근거입니다. 또한 앞에서 이야기했듯 자국 돈의 가치가 떨어지면 수출 상품의 가격 경쟁력이 좋아져서 수출이 잘되는 이유도 있습니다. 우리나라와 같이 수출의존도가 큰 나라의 경우에

❚ 환율의 상승은 일반적으로는 수출에 도움이 된다.

는 매우 큰 이점이 될 수 있겠지요.

여러분은 어떻게 생각하나요? 정말로 돈을 풀어서 국민 개개인의 소득이 올라가고, 기업의 수출 경쟁력이 올라가 나라가 부유해지고, 그 혜택이 우리 모두에게 돌아간다면, 이러한 정책을 채택하는 것이 좋겠지요.

그러나 앞에서도 살펴보았듯이 돈을 푸는 것은 물가 상승을 가져와 돈의 가치를 떨어뜨리고 구매력을 감소시킵니다. 즉 돈을 풀어서 올라가는 국민 소득이라는 것은 결국 제자리걸음에 불과하다는 것이지요.

일부 정치가들이나 관료들은 자국 돈의 가치가 떨어지는 것을 감수하고서라도 수출이 잘되고 기업이 잘되면 그 효과가 국민 모두에게 돌아갈 수 있으므로 이러한 정책이 의미가 있다고 주장합니다. 이러한 논리를 '낙수효과'라고 부릅니다. 정부가 투자 증대를 통해 대기업과 부유층의 부를 먼저 늘려주면 중소기업과 소비자에게 혜택이 돌아감은 물론, 결국 국가 전체의 경기를 자극해 경제 발전과 국민 복지가 향상된다는 이론이지요.

안타깝게도 최근의 연구들과 통계들은 이러한 낙수효과의 존재를 부정하고 있습니다. 반대로 최근 20년간 부의 집중만 심해졌다는 연구는 지속적으로 나오고 있습니다.

조세연구원이 발표한 자료에 의하면 2012년 4월 기준으로 우리나라 소득 상위 1퍼센트가 한 해 버는 돈이 38조 4천790억 원입니다. 상위 1퍼센트가 국민 소득의 16.6퍼센트를 가져가는 상황인 것이지요. 더 놀라운 것은 OECD 국가 중 미국의 17.7퍼센트에 이어 2위라는 점입니다. 우리나라나 미국의 부의 집중이 얼마나 심한지 알 수 있습니다.

2015년에 발표된 IMF의 연구도 낙수효과가 없고 부의 집중만이 심화되었음을 보여줍니다. 150여 국가의 사례를 분석한 결과, 상위 20퍼센트 계층의 소득이 1퍼센트 증가하면, 이후 5년의 성장이 연평균 0.08퍼센트 감소하고, 오히려 하위 20퍼센트의 소득이 1퍼센트 늘어나면 그 기간에 연평균 성장이 0.38퍼센트 증가한다는 사실이 밝혀졌습니다. 결국 상위 계층의 소득이 증가하는 것이 하위 계층에 돌아가는 것이 아니라, 오히려 하위 계층의 소득이 증가해야 경제가 성장할 가능성이 더 높다는 것이지요. 수출 중심의 국내 대기업들의 발전이 국민 모두의 이익으로 연결되지는 않는 시대인 것입니다.

더군다나 요즘은 전 세계적으로 경제가 위기라고 하는 시대입니다. 돈을 많이 풀어놓는다고 해서 수출이 바로 활성화되고 경제가 되살아나지는 않는 시대가 되었습니다.

또한 양적 완화 정책은 우리나라만 사용하는 정책이 아닙니다. 이미 우리는 앞에서 미국과 중국이 어떠한 이유로 환율전쟁을 벌이고 있는지 보았습니다. 미국은 양적 완화를 통해 수출을 활성화시키고 경제를 회복시키고자 하면서, 동시에 중국에게 위안화의 가치를 올릴 것을 요구하고 있습니다. 이에 중국은 미국과의 무역 분쟁을 감수하고서라도 자기 나라 화폐의 가치를 하락시키고자 하고 있고, 그 외의 나라들도 수출 경쟁력의 하락을 두려워하여 경쟁적으로 화폐 가치 하락에 나서고 있습니다. 모두가 다 같이 동일한 정책을 채택한다면 양적 완화를 통한 수출 경쟁력 향상을 기대할 수 있을까요? 세계화 시대에 각국의 경제 정책이 어떤 영향을 주고받을지도 깊이 생각해 보아야 할 부분입니다.

## 결국은 빚

앞서 우리는 5장에서 정부가 추경예산이라는 긴급 예산을 편성하여 경기를 부양하기 위해 노력한다는 이야기를 보았습니다. 2016년의 경우 정부는 추경예산으로 22조 원의 큰돈을 투입하였습니다. 이러한 큰돈을 투입하게 되면 일시적으로는 경기가 살아나는 것으로 보이지만, 여러 부작용도 같이 동반합니다.

무엇보다 국가 빚이 늘어나게 됩니다. 정부는 2016년 편성한 추경예산 22조 원 중 9조는 국채를 통해 마련한다고 발표하였습니다. 앞서 살펴보았듯이 국채는 정부가 돈이 모자랄 때 이자를 갚기로 약속하고 돈을 빌리기 위해 발행하는 증서입니다. 결국 정부의 빚인 셈인데요, 이 빚에 대한 원금과 이자는 누가 갚아야 할까요? 국가 재정은 결국 세금으로 이루어지는 것이니, 결국 우리 국민이 갚아야 합니다. 이렇게 국가 부채를 지속적으로 늘리는 일은 미래 세대에게 빚을 물려주는 것과 같습니다. 바로 이 글을 읽는 여러분들이 부채의 부담을 떠안게 되는 것이지요.

우리나라 중앙정부가 가지고 있는 빚은 2014년 기준 총 579.5조 원으로 GDP 대비 37.5퍼센트로 양호한 편이라고 합니다. 다른 나라의 비율을 알아볼까요? 미국 101.6퍼센트, 유로존 90.6퍼센트, 일본 211.7퍼센트, 그리스 156.9퍼센트, 아일랜드 117.4퍼센트, 포르투갈 124.1퍼센트, 이탈리아 127퍼센트, 스페인 86퍼센트입니다. 하지만 이것은 중앙정부의 순수한 빚만을 통계로 잡았을 경우입니다. 공기업의 부채까지 합하면 1,211조 원을 넘어서 GDP 대비 100퍼센트에 육박하는 수치입니다. 이는 외국과 비교했을 때 결코 낮다고 볼 수 없습니다.

앞으로 경기회복을 이유로 돈을 푸는 정책을 계속한다면 국가 부채는 더욱 늘어날 것입니다.

## 간추려 보기

- 인플레이션은 우리의 구매력을 감소시킨다.
- 정부는 경제 활성화를 이유로 인플레이션을 감수하고 화폐 발행을 행하고 있지만, 결과적으로 민간의 구매력이 감소함으로써 개개인이 누리는 혜택은 적다.
- 대기업이 성장하면 중소기업과 일반 월급 생활자에게도 그 혜택이 돌아간다는 개념을 '낙수 효과'라고 부른다. 그러나 최근의 연구들은 낙수효과의 존재를 부정하는 추세이다.

# 7
CHAPTER

# 인플레이션에 대처할 수 있는 방법

요즘 경제 상황을 보고 많은 학자들은 '인플레이션 시대'라고 부릅니다. 그만큼 앞으로 인플레이션이 더욱 확대되고 지속될 가능성이 많다는 것입니다. 그렇다면 우리는 인플레이션 시대에 어떻게 대처하면 좋을까요?

# 요즘 경제

상황을 보고 많은 학자들은 "인플레이션 시대"라고 부릅니다. 그만큼 앞으로 인플레이션이 더욱 확대되고 지속될 가능성이 많다는 뜻입니다. 그렇다면 우리는 인플레이션 시대에 어떻게 대처하면 좋을까요?

## 정부가 해야 할 일

### ① 부채 줄이기

우리는 일상생활에서 가계부를 쓰고 돈을 절약하라고 부모님에게 잔소리를 듣습니다. 보통은 돈은 아껴 쓰는 것이 상식이지요. 이는 최대한 남에게 빚지지 말고 스스로 생계를 꾸려가라는 뜻입니다.

그러나 화폐를 자유로이 발행할 수 있는 정부는 이러한 제약에서 자유롭습니다. 그래서 종종 정부의 부채 해결을 목적으로 화폐를 발행하기도 합니다. 이는 경기를 활성화시키는 방법이기도 하기 때문에, 정부는 이러한 유혹에 종종 빠져듭니다.

그러나 지금까지 살펴보았듯이 양적 완화는 결국 물가 상승으로 이어집니다. 고정적인 월급을 받고 살아가는 우리 보통 사람들에게는 큰 부담으로 작용하지요.

반대로 생각해 보면, 부채가 적다면 국가가 화폐 발행을 통해 이를 해결할 필요가 줄어들겠죠. 따라서 국가가 가지고 있는 부채를 조금씩 줄여나가는 것이 인플레이션을 막는 하나의 해결책이 될 수 있습니다.

우리나라의 국가 부채는 2014년 정부 발표 자료 기준으로 1,211조 2천억 원입니다. 이때 국가부채는 중앙정부의 부채, 지방정부의 부채, 비영리 국가기관의 부채, 공기업의 부채, 각종 연금의 부채 모두를 포함한 것으로, 국가가 책임져야 할 전체 부채입니다. 그런데 이것만이 부채는 아닙니다.

정부 발표 자료에는 공기업 부채가 빠져 있어서 이것을 포함하면 1,600조 원 정도까지 늘어나게 됩니다. 이는 우리나라 1년 GDP 규모인 1,300조 원을 넘는 금액입니다. 즉, 나라 전체의 소득에 비해 빚이 더 많다는 이야기입니다.

현재 전 세계 여러 나라들의 국가 부채가 증가하고 있는 추세이며, 이를 해결하기 위해 화폐를 무분별하게 찍어낸다면, 전 세계적인 인플레이션 상황이 발생해 큰 혼란에 휩싸일 수 있습니다. 이러한 부채를 줄일 수 있는 방법들을 우리 모두 고민해 볼 필요가 있습니다.


### ② 수출 주도의 경제성장 방식 변화

뉴 노멀. 2008년 글로벌 금융 위기 이후 새롭게 나타난 세계 경제의 질서를 총칭하는 표현입니다. 2008년 이전까지는 규제 완화, 정보통신

GDP 국내총생산란?

GDP는 'Gross Domestic Product'의 약자로, 보통 1년 동안 우리나라 안에서 생산된 재화와 서비스의 시장 가치의 총액을 의미합니다. 우리나라 사람뿐 아니라 외국인까지 포함해서 '새롭게' 생산한 것을 모두 더한 양지이요. 따라서 GDP가 증가한다는 것은 그만큼 국내에서 많은 상품이 생산되어 경제가 발전했다는 뜻입니다. GDP는 한 나라의 경제 규모를 파악하는 데 가장 많이 쓰이는 지표 중 하나입니다.

우리나라는 GDP 규모로 세계 15위이며, 이 GDP를 인구수로 나눈 '1인당 GDP'는 세계 33위를 차지하고 있습니다. 우리나라의 GDP 수준은 점차 올라가고 있지만, 우리나라 사람들의 행복지수가 올라가고 있는지는 GDP가 알려주지 못한다는 한계가 있습니다.

기술의 발달 등으로 경제가 고도로 성장하였으나 그 부작용으로 부동산 가격 거품이 형성되어 2008년 글로벌 금융위기가 벌어졌습니다. 이후 금융 규제가 강화되는 등의 변화와 더불어 세계 경제는 저성장 국면에 진입하였습니다. 이후 탐욕보다는 절제로, 고속 성장보다는 지속 가능한 성장이 주 관심으로 떠오르게 되었습니다. 뉴 노멀 시대는 일반적으로 저성장, 소비 위축, 미국 시장의 영향력 감소 등으로 대표됩니다.

우리나라의 경제성장 방식은 주로 수출 주도형이었습니다. 오랜 일제 식민 지배로 인한 수탈과 1950년 6.25 전쟁의 폐허를 벗어나기 위해 정부가 중심이 되어서 수출로 큰돈을 버는 경제 발전 전략을 세웠습니다. 이를 바탕으로 우리나라의 경제가 엄청나게 빠른 속도로 경제 발전을 이룩해 낸 것은 사실입니다. 하지만 이 발전이 앞으로도 지속 가능한 것인가는 생각해 보아야 할 문제입니다.

수출 주도 경제는 세계 경제의 영향을 크게 받습니다. 2000년대 중반까지는 미국의 호경기와 중국이라는 거대한 신흥 시장의 출현으로 수출 주도의 경제 전략이 효과적이었습니다. 덕택에 우리나라의 무역 규모는 세계 9번째로 1조 달러를 돌파하였습니다.

그러나 수출이 늘어나도 새롭게 만들어지는 일자리의 수는 점점 줄어들었습니다. 경제의 성장률은 3.5퍼센트인데 비해, 개인 소득의 증가율은 0.8퍼센트에 그쳤습니다. 이때 국민의 임금은 0.19퍼센트 상승했는데, 물가는 4.5퍼센트가 증가해서, 임금의 실제 가치는 -4.08퍼센트로 오히려 감소하게 된 것입니다. 청년 실업자의 수는 110만여명으로 체감 실업률은 22.1퍼센트에 육박했습니다. 소득 감소와 실업의 증가는 국민에게 가장 위협이 되는 사회문제입니다.

경제가 성장하고 있는 상황에서 인플레이션이 발생하는 것은 아주 자연스러운 일입니다. 기술 발전에 따라 생산량은 많이 늘어났는데, 이것을 사거나 교환할 만한 화폐가 없다면 경제가 안 돌아갑니다. 이럴 때 화폐를 발행해서 경제를 활성화시키는 것은 자연스러운 일이며, 이때의 인플레이션은 국민이 충분히 감당할 수 있는 정도입니다.

그러나 지금같이 저성장이 트렌드인 시대에 인플레이션은 서민들에게는 과거와는 차원이 다른 부담을 안겨줍니다.

더구나 이러한 수출 주도 경제 전략도 약점이 있습니다. 우리나라의

GDP 대비 수출 비중은 52퍼센트<sup>2011년</sup>로 G20<sup>주요 20개국</sup> 중 수출의존도가 1위입니다. 이는 외국의 경기가 안 좋아지면 곧바로 영향을 받을 가능성이 크다는 이야기입니다.

최근 세계 경제의 성장세는 옛날 같지 않습니다. 전 세계적으로 물가는 점점 올라가는데 일자리는 부족해지고, 실업이 늘어나고 소득은 줄어들면서 생활하기가 점점 어려워지고 있습니다. 이러한 저성장은 하나의 트렌드로 자리잡아가고 있습니다. 이를 부르는 용어가 맨 처음 우리가 본 '뉴 노멀'이라는 표현입니다.

오늘날 국가의 경제 성장은 예전처럼 개인의 경제 성장을 보장해 주지 못합니다. 그렇다면 지금까지와 같은 수출 주도의 경제 성장 방식을 앞으로도 지속해야 할 것인지 국가 전체가 진지하게 생각해 보아야 할 것입니다.

### ③ 저출산·고령화에 대비하기

부모님들과 이야기해 보면, 과거에는 한 반에 학생들이 5, 60명씩 모여 공부를 했었다는 이야기를 들으실 겁니다. 그 시절에는 교실 크기에 비해 학생 수가 너무 많아 콩나물 교실이라는 말도 있었답니다. 요즘은 어떤가요? 교육부 통계를 보면 2000년대에 학급당 학생 수가 30명대로 줄어들었다는 것을 볼 수 있습니다. 최근의 통계를 보면 2013년 기준으로 초등학교의 경우 학급당 학생수가 24명이라고 합니다. 조만간 중학교에서도 학급당 학생 수가 20명대가 되겠지요.

왜 이렇게 급격하게 젊은 인구가 줄어들고 있을까요? 이는 경기 침체의 장기화에 따라 취업이 어려워지고, 자연히 결혼도 힘들어진 탓이 큽니다. 육아 비용을 부담하기도 힘들어졌기 때문에 결혼 이후에 한 자녀를 키우기도 쉽지 않습니다. 자연히 젊은 인구가 줄어듭니다. 반면 의학의 발달로 노인의 수명은 길어지고, 그 결과 사회 전체의 인구 분포에서 젊은 사람이 줄어들고 노인들이 늘어나게 됩니다. 이런 현상을 저출산·고령화라고 부릅니다.

저출산·고령화의 근본 원인은 결국 경기 침체라고 할 수 있습니다. 문제는 저출산·고령화가 진행되면 일할 수 있는 인구는 줄어들고 부양해야 할 인구는 늘어나기 때문에 경제 활력이 더욱 줄어드는 악순환의 늪에 빠진다는 점입니다.

결국 경기 침체와 인구 구조의 문제에 어떻게 대응하느냐가 미래 세대의 부담과 바로 연결이 된다고 볼 수 있습니다. 여기서 우리는 완전히 상반된 사례 두 가지를 통해 우리나라가 가야 할 길을 생각해 보고자 합니다. 하나는 한국이 그 동안 뒤쫓았던 일본의 사례이며, 또 다른 하나는 북유럽 스웨덴의 사례입니다.

1980년대 거품 경제의 붕괴 이후 1990년대부터 2010년대까지 일본은 극심한 경기 침체에 시달렸습니다. 이 시기를 '잃어버린 20년'이라 부르며, 이러한 장기 경기 침체를 해결하기 위해 일본 정부는 많은 돈을 뿌렸습니다. 하지만 이 돈은 주로 부동산 투기에 몰려 거품 경제가 발생했고, 눈에 보이는 건설 사업에만 매달리다 보니 부실 건설사들만 배부르게 하는 문제를 낳게 되었습니다.

우리나라는 일본과 많이 닮아 있습니다. 우리나라가 여러 분야에서 일본을 쫓아가고 있는 것도 사실입니다. 그렇지만 일본의 이런 실패는 따라하면 안 될 것입니다.

비슷한 시기에 스웨덴도 일본처럼 부동산 거품이 꺼지면서 큰 위기를 맞았습니다. 하지만 건설경기 부양에 막대한 돈을 쏟아 부었던 일본과 달리 GDP의 1퍼센트가 넘는 금액을 공공보육시설 확대에 투자하고, 무상보육체계를 확립하는 등 미래 세대를 위한 과감한 투자를 선택하였습니다. 그 이유는 "스웨덴은 앞으로 출산율 저하에 시달릴 것이며, 이는 스웨덴의 경제성장률을 추락시킬 것이다. 따라서 경제성장을 위해서는 출산과 보육을 '가정'에만 맡기지 말고, '국가'가 나서서 해결해야한다."고 스웨덴 정부와 국민 전체가 생각했기 때문입니다.

저출산·고령화의 끝은
미래 세대의 부담 증가다.

이에 따라 스웨덴 정부는 아동에 대한 수당, 주택에 대한 보조금 지원, 청년세대 주거비 지원 등 광범위한 복지 정책들을 펴나갔습니다. 그 결과 출산과 육아, 주거비에 대한 젊은 층의 부담이 줄어들면서 소득이 늘어났고, 경제성장률이 다시 예전처럼 회복되기 시작하였으며, 집 값도 상승하였습니다.

비슷한 상황을 두고 일본과 스웨덴의 선택은 달랐고, 그 결과도 달랐습니다. 앞으로 저출산·고령화 문제는 굉장히 큰 위기를 낳을 것으로 예상되며, 이것이 인플레이션과 만난다면 그 폭발력은 엄청날 것입니다. 이에 대한 우리나라 국민의 생각을 모아 미리 대비해야 합니다.

---

집중 탐구 **아베노믹스** Abenomics **란?**

아베노믹스란 2012년 12월 일본의 총리로 취임한 아베신조安倍晋三 총리의 경제 정책을 의미합니다. 20년 가까이 이어져 온 디플레이션물가의 지속적인 하락과 엔고円高. 엔화의 가치 상승 탈출을 위한 아베 정권의 정책입니다.

이를 위해 윤전기를 돌려 화폐를 무제한 찍어내는 등 모든 수단을 동원하겠다는 것이 주된 내용입니다.

아베노믹스도 성공과 실패 여부를 떠나서, 광범위한 인플레이션을 발생시킬 것이라는 점을 예상해 볼 수 있습니다.

### ④ 자본주의와 노동에 대한 학교 교육

현대 사회에서는 **이윤** 추구를 목적으로 하는 회사 속에서 본인의 노동으로 월급을 받아 살아야 합니다. 자신의 노동을 상품으로 삼아 돈을 가진 사람에게 고용되어 회사의 규모를 늘리고 회사의 이익을 위해 일하는 삶의 모습. 이러한 현대인의 삶과 이를 기반으로 움직이는 사회 전체를 일반적으로 '자본주의 사회'라고 부릅니다.

자본주의 사회는 '돈'을 중심으로 움직이는 사회입니다. 그런데 여러분들은 '자본주의'사회에서 어떻게 살아가야 하는지에 대해 배워 본 적이 있나요? 아마도 대부분의 사람들에게는 '자본주의'라는 용어조차 생

### 전문가 의견

"일반교육위원회의 설립 목적은 돈의 힘을 활용하고자 하는 것이다. 우리의 목적은 많은 사람들이 생각하는 것처럼 미국의 교육 수준을 높이기 위한 것이 아니다. 교육의 방향을 우리가 원하는 대로 바꾸고자 하는 것이다. 우리의 목표는 학교를 통해 사람들을 규칙에 순응하고 지배자에게 복종하도록 길들이고 가르치는 것이다. 우리가 추구하는 바는 예나 지금이나 같다. 관리감독과 지시에 따라 생산적으로 일하는 시민을 양산하는 것이다. 권위를 의심하는 태도, 교실에서 가르치는 것 이상을 알고 싶어하는 태도는 꺾어버려야 한다. '진정한 교육'은 엘리트 지배계급의 자녀들에게만 제공한다. 나머지 학생들은 그저 하루하루 즐기는 일 이외에는 아무런 꿈도 꾸지 못하는, 숙련된 일꾼으로 만들어야 한다. 그런 교육이 그들에게는 훨씬 도움이 될 것이다."
— 1903년. 당시 가장 강력하고 돈이 많은 록펠러 재단이 만든 일반교육위원회 글.

소할지 모릅니다. 열심히 일하면 잘살 수 있다는 막연한 생각만 있을 뿐, 본인이 사회 속에서 어떠한 위치에 있는지, 은행과 회사, 회사와 나 사이의 관계에 대한 명확한 이해를 가진 경우가 많지 않습니다. 회사와 의 관계를 위해 필수적으로 알아야 하는 노동법에 대한 지식조차 충분 히 교육받지 못하는 경우가 대부분입니다. 그렇기 때문에 학교에서 돈 과 자본주의에 대해 제대로 교육을 시켜야만 합니다. 그리고 자본주의 시대에서 잘살아가기 위한 방법들에 대해서 서로 토론하고 생각을 나누 면서 문제를 해결할 수 있는 힘을 길러야 합니다.

유럽의 경우에는 어릴 때부터 학교에서 자본주의의 다양한 모습에 대해 가르치고, 장점뿐 아니라 단점에 대해서도 알려준다고 합니다.

▌한국은 노사관계 교육에 여전히 소극적이다.

심지어 노동자와 **사용자**<sup>사장</sup> 간의 **단체협상**도 직접 해 보면서 자신의 미래를 준비해 나갈 수 있도록 도와줍니다.

그런데 왜 우리나라는 이런 교육을 하지 않는 것일까요? 교육은 국민으로서 필요하다고 판단되는 내용들을 주로 다룹니다. 그런데 필요한 것과 그렇지 않은 것에 대한 사람들의 생각이 다를 수 있지요. 자본주의 사회에서는 돈이 있는 사람이 힘을 가지고 있기 때문에 돈이 있는 사람들의 입장에서 교육 내용이 정해지기도 합니다. 대다수의 사람들이 자본주의에 대해서 잘 몰라야만 부자들이 돈을 더 많이 벌 수 있기 때문에 '자본주의'에 대해서는 교육시키지 않는 것입니다. 케이블에서 방송된 〈송곳〉이라는 드라마를 수업시간에 보여주며 노동교육을 했다는 이유로 선생님에게 처벌을 내리는 것이 우리나라의 현실입니다.

## ⑤ 세금 공정하게 걷고 투명하게 사용하기

국가 부채를 해결하기 위해서는 화폐를 많이 찍어내는 방법이 있지만, 이 방법은 인플레이션을 발생시키게 됩니다. 다른 해결책도 있는데, 그것은 세금을 더 많이 걷는 것입니다.

물론 세금을 더 많이 내는 것에 대해 기분 좋아할 사람들은 별로 없습니다. 고액의 세금을 체납하는 사람들을 보면 공평하지 않다는 생각이 들고, 내가 낸 세금이 나를 위해 쓰여진다는 믿음이 들지 않고, 특히 금융 위기 때마다 부실 기업을 구제하기 위해 내가 낸 세금을 마음대로 사용하는데, 또 세금을 내라고 하면 기분이 좋을 리가 없습니다.

부자와 가난한 사람을 가리지 않고 공평하게 걷고, 부자일수록 더 많은 세금을 내도록 하며, 그렇게 모인 세금을 국민의 복지를 위해 잘 사용되도록 하고, 그 사용처를 투명하게 공개하도록 하는 것이 조세 정책의 기본입니다. 이 기본이 잘 지켜진다면 세금은 공동체를 살아가는 데 필수적인 요소가 될 수 있습니다.

인플레이션이 발생하면 어차피 우리가 가진 돈의 가치는 줄어들게 되기 때문에, 세금을 내는 것과 똑같습니다. 힘들지만 세금을 미리 내어서 좀 더 공정하고 안정된 사회를 만들어 나가는 것이 하나의 해결책이 될 수 있습니다.

### 기업의 사회적 책임 키우기

기업의 최대 목적은 이윤 추구입니다. 예전에는 기업이 자신의 이윤만을 자유롭게 추구하다보면 사회 전체가 따라서 좋아진다고 생각했었습니다. 그런데 기업이 너무 이윤만을 추구하다보니 조금씩 문제가 생기기 시작했습니다. 환경 파괴, 노동자의 열악한 근무 조건, **산업재해**, 경쟁을 추구하는 사회 문화 등이 그런 것들입니다. 그래서 등장한 것이 바로 '기업의 사회적 책임'입니다. 기업은 이윤을 추구하지만, 이윤이 생기게끔 도와준 사회에 **환원**도 해야 한다는 생각입니다.

고등학교 경제 교과서도 아래와 같이 기업의 사회적 책임을 강조하고 있습니다. "기업은 의사결정을 할 때 사회적 책임과 윤리를 고려해야 한다. 사회적 공헌, 사회적 책임, 사회 책임 투자, 윤리 경영, 환경 경영, 투명 경영, 신뢰 경영 등은 모두 기업에 대한 이러한 사회적 요구를 담은 용어들이다. 기업의 사회적 책임이란 **주주**, 소비자, 지역 사회

등과의 관계를 통해 이윤을 추구하는 기업이 사회에 대한 책임도 함께 짊어져야 한다는 것을 의미한다."

국민들 또한 국가 경쟁력 상승, 이윤 창출 같은 추상적인 이야기들이 아닌 일자리 창출, 근로자 복지 향상, 사회적 책임과 같은 공적인 영역에서 시민들의 피부에 와 닿는 역할을 기업에 기대하고 있습니다.

---

### 집중 탐구 근로자, 노동자?

매년 5월 1일은 '근로자의 날'입니다. 이 날을 기념해서 쉬는 회사도 있고 그렇지 않은 곳도 있습니다. 일하는 사람들을 '근로자'라고도 하고 '노동자'라고도 말하는데, 어느 것이 맞을까요? 정부에서 공식적으로 사용하는 이름에는 '노동'이라는 단어가 더 많이 쓰입니다. 고용노동부, 노동청, 노동사무소 등이 그렇지요. 우리나라는 혼란스러웠던 해방 시기, 6.25 전쟁을 거치면서 남과 북이 분단되어 대립해왔고, 북한이 주로 '노동'이라는 단어를 많이 사용했기 때문에 이 단어를 금기시한 측면이 있습니다. 그리고 의도적으로 육체적인 일을 하는 사람으로 부정적인 이미지를 덧씌운 탓도 있습니다.

노동자는 임금<sup>월급</sup>을 받고 누군가에게 고용된 사람들을 의미합니다. 우리나라 국민들 대다수는 이렇게 고용된 위치에서 월급을 받으면서 일을 하게 됩니다. 시민의 대부분이 노동자이고, 누구나 노동자가 될 가능성이 있는 현실에서 '노동'이라는 단어에 대한 거부감과 부정적 이미지를 개선하는 일이 시급합니다.

---

이러한 국민들의 기대에 발맞추어 기업도 지금까지와는 다른 모습을 보여 줄 필요가 있습니다. 미국에서는 부자인데도 본받을 만한 사람들이 있습니다.

재산이 450억 달러로 미국 부자 순위 2위에 있는 워렌 버핏은 재산의 99퍼센트 사회 환원을 약속하였다고 합니다. 미국 부자 순위 1위로 540억 달러[64조 원]의 재산을 가지고 있는 마이크로소프트 사의 빌 게이츠도 "내 자식에게 재산의 4,600분의 1만을 남겨줄 것이다. 나머지는 모두 사회에 환원할 것이다."라고 말했다고 합니다. 미국의 백만장자 138명은 "우리에게서 세금을 더 걷어가라."며 **상속세**를 더 내겠다고 기자회견을 했습니다.

▌사회 환원에 적극적인 빌 게이츠 마이크로소프트 회장.

어떻게 이런 일이 가능할까요? 미국 상위 2퍼센트에 있는 부자들의 상속세를 폐지하면, 부족한 세금을 서민과 중산층이 메꿔야 합니다. 그러면 미국 서민과 중산층의 삶이 힘들어지고, 결국 미국의 자본주의가 위태로워질 것으로 판단한 것입니다. "자본주의를 위해서, 자본주의가 오래 유지되기 위해서다."라고 이들은 입을 모아 이야기합니다. 특별히 봉사정신이 투철한 사람들이 아니라, 자신의 부를 유지하고자 하는 지극히 '상식적인' 사람들의 생각입니다.

우리나라 기업의 모습은 어떻습니까? 대부분의 대기업들이 할아버지-아버지-아들로 이어지며 부를 **세습**하려고 노력하고, 서로 더 많은 부를 차지하려고 가족들끼리 싸움을 벌여 뉴스거리가 되기도 합니다. 어떤 CEO는 기업의 재산을 자기 것인양 마음대로 사용하는 경우도 있었습니다. 또 어떤 CEO는 자식을 괴롭힌 사람에게 청부 폭행을 시키며 한 대를 때릴 때마다 1,000만 원씩 주는 등의 볼썽사나운 일을 벌이기도 하였습니다.

기업은 혼자 모든 것을 해낼 수가 없습니다. 정부가 여러 가지 도움을 주었으며, 국민이 기업의 물건을 소비해 주었기 때문에 기업은 이윤을 얻을 수 있었습니다. 이러한 도움에 대해서 반드시 생각하고, 기업이 사회에 책임을 지는 자세가 요구됩니다. 특히 우리나라처럼 기업의 문화 수준이 낮은 상황에서는 더더욱 그러하지요.

## 가계와 개인이 생각해 볼 일

### ① 부채 줄이기

가계 부채도 2015년 기준 1,207조 원 정도로 굉장히 심각한 상황입니다. 앞으로의 경제 위기는 이 가계 부채 때문에 발생할 가능성이 높습니다. 빚을 갚지 못하면 경제가 안 돌아갈 것이기 때문입니다.

자본주의는 "빚 권하는 사회"입니다. 은행이 누군가에게 돈을 빌려주고, 그다음 누군가가 또 다른 누군가에게 돈을 빌려주고, 이러한 행위가 계속해서 반복되는 사회가 자본주의 사회입니다. 만약에 아무도 빚을 내지 않는다면, 은행은 하는 일이 줄어들고 소득이 감소해 망하고 말 것입니다. 그래서 자본주의 사회에서는 빚을 많이 내라고, 빚을 내는 것은 괜찮은 거라고 사람들에게 말하며 빚을 권하고 있습니다.

최근에는 심지어 빚을 내지 않고서는 살아가기 힘든 사회가 되었습니다. 어쩌면 일부러 이런 상황을 만들어서 빚을 권하고 있는지도 모릅니다. 오늘날 우리나라 가계 부채의 절반이 주택담보대출입니다. 즉 살아가기 위해서 집이 필수적인데, 그 집을 마련하려면 빚을 낼 수밖에 없는 사회 구조입니다. 그 외에도 **학자금** 대출 등 다양한 형태의 빚을 지고 살 수밖에 없는 현실 속에서 가계 부채 문제의 해결책을 시급히 고민해 봐야 합니다. 유럽에서처럼 다양한 복지정책을 통해 주택 마련에 드는 부담을 많이 줄여주는 나라들도 있습니다. 이렇게 유럽처럼 사회의 시스템을 조금 더 복지지향적으로 바꾸는 것도 부채를 줄이는 방법 중 하나입니다.

## ② 저축, 보험, 연금 vs 소비

앞으로 인플레이션이 지속될 것이라고 가정해 본다면, 저축을 하는 것이 좋을까요, 소비를 하는 것이 좋을까요? 인플레이션이 발생하면 화폐의 가치는 하락하고 물가가 상승하기 때문에 저축을 하기보다는 당장 소비를 하는 것이 더 현명한 선택이 됩니다.

은행에 저축을 했는데 이자 수익이 3퍼센트라고 하고, 물가상승률이 5퍼센트라고 한다면, 저축을 하는 것은 좋은 선택일까요? 1년 뒤에 받게 되는 이자의 가치는 물가 상승 때문에 의미가 없어지고 예전 돈의 가치보다 더 못한 것이 되어버리고 맙니다.

이런 것이 바로 인플레이션이 만들어 내는 상황입니다. 열심히 일해서 번 돈을 모아서 저축하고, 미래에 대비하기 위해서 보험을 들고, 노인이 되었을 때를 대비해서 연금을 들어두는 것은 대부분의 서민들이 하는 재테크 방법입니다. 하지만 인플레이션 시대에는 이것이 재테크가 되는 것이 아니라, 오히려 앉아서 돈을 빼앗기는 꼴이 되어버리고 맙니다. 적절한 소비가 오히려 현명한 선택일 수 있습니다.

복지 시스템을 잘 갖춘 나라의 경우에는 개인이 번 돈의 절반 정도를 세금으로 걷어간다고 합니다. 하지만 그 나라 국민들은 우리나라보다 저축이나 보험, 연금 등에 덜 의존합니다. 왜냐하면 국가에서 국민 생활의 많은 부분을 책임져 주기 때문입니다. 국민은 세금을 내고 남은 돈을 가지고 자신의 생활을 누리기 위해 소비를 하고 여유를 즐기며 살아갑니다. 이렇게 국가의 시스템을 바꾸는 것도 인플레이션 시대에 대비하는 근본적인 방법이 될 수 있습니다.

### ③ 부동산에 대한 생각 바꾸기

'하우스 푸어'라는 말을 들어보았나요? 집은 가지고 있지만 가난한 사람들을 하우스 푸어라 부릅니다. 요즘 우리나라를 '푸어 공화국'이라고 풍자하는 용어 중 하나이지요. 우리나라에서 온전히 자신의 돈으로만 집을 살 수 있는 사람은 극히 소수입니다. 금수저를 물고 태어나지 않은 대부분의 서민들은 빚을 내어서 집을 장만해야만 합니다. 우리나라 가계 부채의 대부분이 바로 이 주택 구입 때문에 생기지요.

하지만 이 빚에 대한 이자를 꼬박꼬박 내야 하는데, 최근 집값은 오히려 떨어지고 있는 상황입니다. 집값이 떨어지고 있으니 팔지도 못하는 처지에 놓여, 집은 있지만 가난한 생활을 하게 되는 사람들이 바로 하우스 푸어입니다. 앞으로 집값이 다시 오를지도 모르지만, 대부분의 국가에서 부동산 거품이 빠지고 있는 추세이기 때문에 우리나라도 낙관적으로만 보기는 어렵습니다.

예전에는 집을 사는 것이 굉장히 중요한 재테크의 수단이었지만, 이제 부동산에 뛰어드는 서민의 경우에는 성공하기가 쉽지 않은 현실입니다. 무조건 집을 구입하기보다는 다른 대안도 생각해 볼 필요가 있습니다. 요즘에는 땅콩집, 공동주택 등 직접 땅을 사서 집을 짓는 사람들도 있습니다. 재테크의 수단이라기보다는 내가 평생 살 집에 대한 욕구를 만족시키려는 추세입니다. 또한 주택협동조합 같은 것을 만들어서 서로 도우면서 살아가는 방식도 있습니다. 오래 걸리겠지만 빚의 굴레에서 벗어나고 자립할 수 있는 노력이 필요한 시대입니다.

▌ 집값이 오르지 않는다면, 부동산은 자산이 아닌 빚더미일 뿐이다.

### ④ 경제 지표 제대로 보기

정부에서는 다양한 경제 지표를 발표합니다. 그 중 물가에 관해서는 소비자 물가지수가 중요한 지표 중 하나입니다. 그런데 이 소비자 물가지수를 둘러싸고 정부와 국민의 체감이 다른 경우가 많습니다. 정부에서 발표한 물가지수 상승폭과 국민이 느끼는 물가지수 상승폭 사이가 3, 4배 차이가 날 때가 많습니다. 왜 그럴까요?

우선 정부는 물가가 많이 오르기를 원할까요, 그렇지 않을까요? 당연하게도 정부는 안정적인 상황을 국민들에게 전하고 싶기 때문에 일부러라도 물가를 낮게 측정하려는 경향을 가지고 있습니다. 그래서 조사하는 품목을 바꾼다거나, 가중치를 조정하는 등의 방법을 통해 통계를 입맛대로 조정하는 일이 생깁니다.

그렇다면 실업률은 어떻게 발표할까요? 실업률은 당연히 실제보다는 더 적게 발표되는 경향이 있다는 것을 예상해 볼 수 있습니다. 정부가 발표하는 지표를 그대로 믿기보다는 여러 자료를 살펴보면서 깊이 있게 따져보는 습관이 필요합니다.


### ⑤ 인플레이션 유발 정책에 대한 시민의 목소리 높이기

최근 전 세계의 경기가 안좋습니다. 나라마다 국가 부채도 엄청나게 늘어나고 있습니다. 이러한 상황에서 미국에서 시작된 양적완화 정책에 주변 나라들도 이 흐름에 동참할 수밖에 없는 처지에 놓였습니다. 이렇게 전 세계 국민들은 인플레이션의 위험 앞에 놓이게 되었습니다.

이러한 정책은 사업을 하는 부자들, 채무자들에게는 유리하지만, 대다수의 서민들에게는 불리한 상황을 만듭니다. 인플레이션은 국민들이 열심히 일하고 조금씩 저축해서 모은 돈을 한순간에 휴지 조각으로 만들어 놓습니다. 어느 누구도 국민 개인의 재산을 이렇게 함부로 빼앗아 갈 수는 없습니다. 이렇게 개인의 재산권을 빼앗아 가는 정책에는 반대의 목소리를 높여야 합니다. 민주시민이라면 이러한 사회 문제에 적극적으로 참여해서 사회의 변화를 요구해야 합니다.

2011년 미국 뉴욕 월스트리트에서 '월가를 점령하라Occupy Wall Street'라는 이름의 시위가 벌어졌습니다. 뉴욕은 세계 최대 강대국인 미국의 경제 수도이며, 월스트리트는 그러한 뉴욕의 경제 중심 지구입니다. 사실상 지구상의 경제 수도의 핵심, 경제 중심가에서 일어난 시위라고 볼 수 있습니다. 시위대는 "우리는 미국의 최고 부자 1퍼센트에 저항하는 99퍼센트 미국인의 입장을 대변한다." "미국의 상위 1퍼센트가 미국 전체 부의 50퍼센트를 장악하고 있다." "매일 아침 일어나서 방값 걱정, 끼니 걱정을 하지 않게 해 달라." 등의 구호를 외쳤습니다. 이 시위는 전 세계로 확산되어 우리나라에서도 동참하였다고 합니다.

이상으로 우리는 양적 완화의 대표적 문제점인 인플레이션에 대해 살펴보고, 금융 위기 이후 뉴 노멀의 시대에 어떻게 살아야 할지 살펴보았습니다. 저출산·고령화, 부채, 저성장 등 우리 세대는 과거와 전혀

'월가를 점령하라'는 금융위기 이후 벌어진 자본주의에 대한 대표적인 저항 운동이다.

다른 종류의 도전에 직면해 있습니다. 이러한 도전에 어떻게 대응하느냐가 앞으로 여러분의 삶을 좌우할 것입니다.

간추려 보기

- 인플레이션의 시대에 정부와 개인 모두 부채에 대한 관념을 바꾸어야 한다.
- 새로운 저성장의 시대에 맞추어 경제 성장 방식을 새롭게 고민해 보아야 한다.
- 저출산·고령화와 같은 시대의 흐름에 대비해야 한다.
- 기업의 사회적 책임에 대해 새롭게 고민해 보아야 한다.

# 용어 설명

거품 경제  투기 행위 따위로 일시적으로 호경기와 이상 시세를 나타내는 경제.

공공성  사회 일반의 여러 사람, 또는 여러 단체에 두루 관련되거나 영향을 미치는 성질. 개인의 이익보다는 공익을 먼저 생각하는 성향을 뜻하기도 한다.

공급  교환 또는 판매의 목적으로 시장에 재화나 용역을 제공하는 행위.

근린  가까운 곳. 가까운 이웃을 칭하는 용어.

단체협상  노동자와 사용자가 만나 서로 다른 의견을 조율하고 타결하기 위해 한데 모여 협의하는 일. 흔히 노사 협상이라고 부르며, 한편에는 사용자가 반대편에는 노동자들이 조직한 노동조합이 협상 주체로 나서는 경우가 대부분이다.

부도  수표·어음을 가진 사람이 기한이 되어도 지급인한테서 그 수표·어음에 대한 지급을 받을 수가 없는 상황.

부동산  토지·가옥·임야와 같이 손쉽게 소유권을 이전할 수 없는 재산.

불경기  상업이나 생산 활동에 활기가 없는 상태.

불황  경제 상황이 좋지 못함을 뜻하는 단어. 불경기라고도 부른다.

사용자  고용 계약에 따라 노동자에게 일을 시키고 그 대가로 보수를 주는 사람. 고용주. 사용주라고 부르기도 한다.

산업재해  노동 장소에서 발생하는 사고 또는 직업병으로 말미암아 노동자가 받는 신체의 장애를 의미한다.

상속세  상속이나 유증遺贈으로 재산을 얻은 사람에게 부과하는 세금.

세습  한 집안의 재산·신분·직업 따위를 그 자손들이 대대로 물려받는 일.

**세입** 조세의 수입. 일반적으로 국가나 지방 자치단체의 1년 또는 한 회계연도 안의 총수입을 부르는 말이다.

**실업** 생업을 잃음. 일할 의사와 노동력을 가진 사람이 일자리를 잃거나 일할 기회를 갖지 못하는 상태를 의미한다. 실업률 조사는 일할 의사가 있는 사람을 대상으로 이루어진다.

**원금** 돈을 빌리거나 꾸었을 때, 이자를 제외한 원래의 돈을 칭하는 말.

**이윤** 장사와 같은 상업 행위를 하여 남은 돈. 한 기업의 총수익에서 일체의 생산비, 즉 지대地代·임금·이자·감가상각비 따위를 빼고 남는 순이익을 의미한다.

**이자** 돈을 빌린 사람이나, 돈을 맡은 금융 기관 등이 그 대가로 지급하는 돈.

**자산** 개인 또는 법인이 소유하는 토지·건물·기구·금전 등을 한꺼번에 칭하여 부르는 말.

**재량권** 자유재량으로 결정하고 처리할 수 있는 권한.

**저금리** 낮은 이자.

**적자** 지출이 수입을 초과하여 결손이 나는 일 혹은 결손액.

**전세** 일정 금액을 지불하고 남의 부동산을 일정 기간 빌려 쓰는 일. 반환할 때는 그 돈을 다시 돌려받는다.

**주권** 국가 구성의 요소로서 국가의 의사를 최종적으로 결정하는 최고·독립·절대의 권력. 민주주의 국가에서 주권은 일반적으로 국민에게 있다.

**주주** 주식株式을 가지고 직접 또는 간접으로 회사 경영에 참여하고 있는 개인이나 법인.

**채권** 재산권의 하나로서, 한 채권자가 다른 채무자에게 어떤 행위를 청구할 수 있는 권리. 반대말은 채무.

**채무** 채무자가 채권자에게 어떤 급부를 해야 할 의무.

**통계청** 재정경제부 장관 소속의 중앙 행정 기관. 통계 기준의 설정과 인구 조사 및 각종 통계 따위에 관한 사무를 맡아봄.

**통화** 한 나라 안에서 통용되고 있는 화폐.

**통화량** 나라 안에서 실제로 유통되고 있는 돈의 양.

**통화 정책** 통화의 수량을 적당히 늘이거나
줄여서 한 나라 안의 금융·경기·물가·생
산 등을 적절히 통제·조절하려는 정책.

**투자** 이익을 얻기 위해 사업에 필요한 돈
이나 물자를 대주는 일.

**침체** 어떤 현상이나 사물이 진전하지 못하
고 제자리에 머무름.

**총재** 정당이나 기관·단체의 전체를 총괄
하는 직책. 또는 그 일을 맡은 사람.

**학자금** 일정한 교육 기관에서 공부하며 학
문을 닦기 위해 내는 돈. 학비.

**환원** 본디의 상태로 되돌아감. 또는 그렇게
되게 함.

# 연표

**기원전 431년 ~ 404년**
그리스 아테네가 펠로폰네소스 전쟁을 벌이는 과정에서, 전쟁 비용이 부족해지자 금화 순도를 줄이고 화폐 발행량을 2배로 늘렸다가 극심한 인플레이션을 겪고 패배하였다.

**기원전 27년 ~ 268년**
로마제국은 전쟁, 건축, 사치스러운 생활을 위해 새로운 화폐를 발행하고, 은의 함량도 지속적으로 낮추어 인플레이션을 겪게 되었다.

**1789년 ~ 1796년**
프랑스 혁명 직후 부족한 재원을 메우기 위해 무리하게 화폐를 발행하여 1796년에는 1년 사이에 생필품 물가가 388배나 치솟게 되었다.

**1922년 ~ 1923년**
제1차 세계대전에서 패배한 독일이 전쟁 배상금과 부족한 재원을 충당하기 위해 마르크화를 무분별하게 발행하였다. 그 결과 1918년 1마르크가 1923년에는 1조 마르크와 동일한 가치를 지니게 되었다.

**1866년**
19세기 말 흥선대원군이 경복궁 재건 자금 마련을 위해 '당백전'이라는 새로운 화폐를 발행하였다. 이로 인해 당시 물가가 60배 뛰어올랐다.

| | |
|---|---|
| **1945년**<br>**~ 1946년** | 헝가리에서 하이퍼 인플레이션이 발생했다. 1923년부터 1924년까지 최대 월 98%의 인플레이션을 겪은 뒤, 제2차 세계대전 이후 물자는 부족한데 수요는 늘고, 여기에 정부는 대책없이 돈을 찍은 결과 1945년부터 1946년까지 15시간마다 물가가 2배로 뛰는 엄청난 하이퍼 인플레이션이 발생하게 되었다. 1946년 7월 한 달 동안 화폐 가치가 2억 7,000만 분의 1로 떨어졌다. |
| **1989년**<br>**~ 1990년** | 아르헨티나에서는 1989년과 1990년 사이에 하이퍼 인플레이션이 발생하였는데 물가상승률이 작게는 2,000%, 크게는 20,000%까지 치솟을 때도 있었다. |
| **1980년대 후반**<br>**~ 1995년** | 브라질에서 발생한 하이퍼 인플레이션으로 물가상승률이 3,000%에 육박하였다. |
| **1997년**<br>**~ 2001년** | 국가 부도 위기에 처한 대한민국이 IMF<sup>국제통화기금</sup>에 자금을 지원받게 되었다. 동남아시아의 외환위기로부터 시작된 위기 상황을 제대로 파악하고 대처하지 못해서 발생하였다. |
| **1998년**<br>**~ 2000년** | IT(닷컴) 버블. 1990년대 말 인터넷의 폭발적인 성장으로 벤처기업들이 각광받았다. 벤처기업을 위한 주식시장에 현금이 몰려들면서 가치에 비해 주식 가격이 폭등했다. 그 뒤 부풀었던 거품이 터지듯 주식 가격이 일제히 급락하며 많은 벤처기업과 투자자들이 파산했다. |

| 2007년<br>~ 2008년 | 서브프라임 모기지 사태가 발생하여 원유 가격이 폭등하고 이로 인해 식량 가격이 상승했다. |
| --- | --- |
| 2008년 | 부족한 세수를 채우기 위해서 새로운 화폐를 무분별하게 발행한 짐바브웨에서도 하이퍼 인플레이션이 발생하였다. 하루에 물가가 2배씩 뛰어올라, 2008년 한 해 동안 물가상승률이 4억%나 되었다. 결국 짐바브웨는 자국 화폐를 포기하기에 이른다. |
| 2008년<br>~ 2012년 | 서브프라임 모기지 사태와 금융위기를 극복하기 위해 미국은 양적완화<sup>QE</sup> 정책을 펴게 된다. 2008년부터 2012년까지 총 네 차례에 걸쳐 3조 달러의 엄청난 돈을 발행하였다. |

# 더 알아보기

**한국은행 경제 교육  www.bokeducation.or.kr**

한국은행이 운영하는 온라인 경제 교육 프로그램이다. 이곳에서는 어린이를 비롯해 청소년, 대학생, 일반인 등이 누구나 수준에 맞는 경제 공부를 할 수 있다. 특히 '어린이 경제 마을'코너를 이용하면 경제와 생산, 소비, 화폐, 저축, 자산 관리 등을 플래시 영상과 애니메이션, 만화 등을 통해 재미있게 배울 수 있다.

**금융감독원 교육 센터  edu.fss.or.kr**

금융감독원이 운영하는 사이트로 어린이부터 성인까지 모두 이용 가능한 다양한 교육 콘텐츠가 준비되어 있다. 금융 이해력을 증진하고, 금융 상품을 합리적으로 선택하는 능력을 키워주기 위한 온라인 금융 교육을 시행하고 있다.

**기획재정부 어린이 청소년 경제 교실  kids.mosf.go.kr**

기획재정부가 운영하는 사이트로 경제 현안을 여러 가지 소주제로 나누어 차근차근 설명해 주는 플래시 콘텐츠가 제공된다. 특히 이곳에는 각종 경제 상식을 누구나 이해하기 쉽게 설명한 경제 용어 코너 등이 잘 구성되어 있어 어린이들이 이용하기에 적합하다.

# 찾아보기

**내인생의책**은 한 권의 책을 만들 때마다
우리 아이들이 나중에 자라 이 책이 '내 인생의 책'이라고 말할 수 있는 책을 만들고자 합니다.

세상에 대하여 우리가 더 잘 알아야 할 교양
**48 인플레이션** 양적 완화가 우리를 살릴까?

박재열 지음

초판 인쇄일 2017년 04월 27일 | 초판 발행일 2017년 05월 11일
펴낸이 조기룡 | 펴낸곳 내인생의책 | 등록번호 제10-2315호
주소 서울시 마포구 동교로12길 3 2층
전화 (02)335-0449, 335-0445(편집) | 팩스 (02)6499-1165

ISBN 979-11-5723-316-8 (44300)
      978-89-97980-77-2 (세트)

이 도서의 국립중앙도서관 출판시도서목록(CIP)은 e-CIP 홈페이지(http://www.ml.go.kr/ecip)에서 이용하실 수 있습니다.
(CIP제어번호 : 2017009649)

내인생의책에서는 참신한 발상, 따뜻한 시선을 가진 원고를 기다리고 있습니다. 원고는 내인생의책
전자우편이나 홈카페를 이용해 보내 주세요. 여러분의 소중한 경험과 지식을 나누세요.

**전자우편** bookinmylife@naver.com | **홈카페** http://cafe.naver.com/thebookinmylife

**어린이제품안전특별법에 의한 제품 표시**
**제조자명** 내인생의책 | **제조년월** 2017년 05월 | **제조국** 대한민국 | **사용연령** 5세 이상 어린이 제품
**주소 및 연락처** 서울시 마포구 동교로12길 3 2층 02 335-0449 | **담당 편집자** 김민수

# 디베이트 월드 이슈 시리즈

## 세상에 대하여 우리가 더 잘 알아야 할 교양

### 전국사회교사모임 선생님들이 번역 및 창작한 신개념 아동·청소년 인문교양서!

《디베이트 월드 이슈 시리즈 세더잘》은 우리 아이들에게 편견에 둘러싸인 세계 흐름에서 벗어나 보다 더 정확한 정보와 지식을 제공합니다. 모두가 'A는 B이다.'라고 믿는 사실이, 'A는 B만이 아니라, C나 D일 수도 있다.'라는 것을 알려 주면서 아이들이 또 다른 진실을 발견하도록 안내합니다.

★ 전국사회교사모임 추천도서 ★ 문화체육관광부 우수교양도서 ★ 한국간행물윤리위원회 청소년 권장도서 ★ 서울시교육청 추천도서
★ 보건복지부 우수건강도서 ★ 아침독서 추천도서 ★ 대교눈높이창의독서 선정도서 ★ 학교도서관저널 추천도서

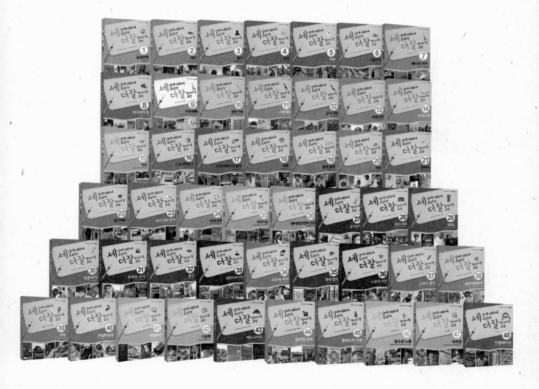

① 공정무역 ② 테러 ③ 중국 ④ 이주 ⑤ 비만 ⑥ 자본주의 ⑦ 에너지 위기 ⑧ 미디어의 힘 ⑨ 자연재해 ⑩ 성형 수술 ⑪ 사형제도 ⑫ 군사 개입 ⑬ 동물실험 ⑭ 관광산업 ⑮ 인권 ⑯ 소셜 네트워크 ⑰ 프라이버시와 감시 ⑱ 낙태 ⑲ 유전공학 ⑳ 피임 ㉑ 안락사 ㉒ 줄기세포 ㉓ 국가 정보 공개 ㉔ 국제 관계 ㉕ 적정기술 ㉖ 엔터테인먼트 산업 ㉗ 음식문맹 ㉘ 정치 제도 ㉙ 리더 ㉚ 맞춤아기 ㉛ 투표와 선거 ㉜ 광고 ㉝ 해양석유시추 ㉞ 사이버 폭력 ㉟ 폭력 범죄 ㊱ 스포츠 자본 ㊲ 스포츠 윤리 ㊳ 슈퍼박테리아 ㊴ 기아 ㊵ 산업형 농업 ㊶ 빅데이터 ㊷ 다문화 ㊸ 제노사이드 ㊹ 글로벌 경제 ㊺ 플라스틱 오염 ㊻ 청소년 노동 ㊼ 저작권 ㊽ 인플레이션

세더잘 43

## 제노사이드 집단 학살은 왜 반복될까?

마크 프리드먼 지음 | 한진여 옮김 | 홍순권 감수

정치 권력자의 범죄이므로 이들을 확실하게 처벌하면 재발을 막을 수 있다.
Vs. 제노사이드의 국제사회(UN)와 개인들이 힘을 모아야 근절시킬 수 있다.

인류 역사에는 한 민족이 다른 민족을 집단으로 학살하는 비극이 지속적으로 발생해 왔습니다. 아르메니아 대학살부터 아우슈비츠 학살까지 역사는 되풀이됩니다. 과연 제노사이드는 어떻게 막을 수 있을까요? 주동자를 처벌하면 될까요? 국제 사회의 노력이 필요할까요?

세더잘 42

## 다문화 우리는 단일민족일까?

박기현 지음 | 변종임 감수

우리는 단일민족이기 때문에 다문화 사회로의 전환이 원칙적으로 어렵다.
Vs. 우리는 원래 다문화 사회였기 때문에 행복한 다문화 사회를 만들 수 있다.

최근 한국 사회에도 다문화 가정이 많이 늘어나는 추세입니다. 하지만 여전히 다른 인종과 다른 민족에 대한 편견과 차별이 존재하고 있는 것이 현실이지요? 과연 한국은 다문화 사회로의 성공적인 전환이 가능할까요?

세더잘 41

## 빅데이터 빅브러더가 아닐까?

질리 헌트 지음 | 이현정 옮김 | 최진 감수

빅데이터는 새 시대를 열어 줄 신기술이므로 적극적으로 데이터를 활용할 제도를 구축해야 한다.
Vs. 빅데이터로 인한 개인 정보 유출 등의 빅브러더 문제를 막으려면 데이터 활용을 적절히 규제해야 한다.

식품 산업에서부터 스포츠 경기에 이르기까지 빅데이터 기술을 활용한 시장 분석은 인류 생활에 큰 변화를 가져왔지요. 그런데 정보를 수집하는 빅데이터 기술의 특성상 개인 정보의 침해라는 인권 문제도 함께 제기되고 있어요. 과연 신기술은 어디까지 허용되야 할까요?

세더잘 40

## 산업형 농업 식량 문제의 해결책이 될까?

김종덕 지음

산업형 농업은 인류의 식량난을 해결한 획기적이고 효율적인 농업 방식이다.
Vs. 산업형 농업으로 인해 환경 오염이 심해지고 우리의 건강이 위협받고 있어 다른 대안을 찾을 때다.

인구 증가가 가속화되면서 인류는 식량 문제에 직면했고, 그 해결책으로 마치 공장에서 찍어내듯 대량으로 농작물을 경작하는 산업형 농업이 등장했습니다. 산업형 농업은 인류의 굶주림을 어느 정도 해결해 주었지만, 환경오염이라는 다른 문제점을 낳았습니다. 과연 인류는 산업형 농업 외에 다른 대안을 찾아야 할까요?

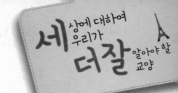

**세더잘 31**

# 투표와 선거

과연 공정할까?

마이클 버간 지음 | 이현정 옮김
신재혁 감수

**세더잘 30**

# 맞춤아기

누구의 권리일까?

존 블리스 지음 | 이현정 옮김
오정수 감수

**세더잘 29**

# 리더

누가 되어야 할까?

질리 헌트 지음 | 이현정 옮김
최진 감수

**세더잘 28**

# 정치 제도

민주주의가 과연 최선일까?

스콧 위트머 지음 | 이지민 옮김
박성우 감수

**세더잘 27**

# 음식문맹

왜 생겨난 걸까?

김종덕 지음

**세더잘 26**

# 엔터테인먼트 산업

어떻게 봐야 할까?

스타지오스 보차키스 지음 | 강인규 옮김

**세더잘 25**

# 적정기술

모두를 위해 지속가능해질까?

섬광 지음 | 김정태 감수

**세더잘 24**

# 국제 관계

어떻게 이해해야 할까?

닉 헌터 지음 | 황선영 옮김
정서용 감수